BOLÍVAR

CASA NATAL DEL LIBERTADOR

Patio principal y pila donde fué bautizado el Libertador

Bolívar en 1828, por Espinosa

VIDAS ESPAÑOLAS E HISPANOAMERICANAS DEL SIGLO XIX

II

BOLÍVAR
EL LIBERTADOR

POR

JOSÉ M.ª SALAVERRÍA

TERCERA EDICIÓN

CALAMBUR

INDICE

I

LA GENTIL CARACAS

En el último tercio del siglo XVIII alcanzan los reinos y provincias de América su máximo progreso. Plenitud de civilización. Todo lo que el siglo de "las luces" representa en el sentido de organización, de método administrativo, de fomento de las construcciones, de sociabilidad refinada, se refleja en América al favor del gobierno eminentemente progresista de Carlos III. Pasó la época heroica de los conquistadores, de los descubridores, de los primeros colonos aventurados, aquellos que tuvieron que crear un Nuevo Mundo con sus esfuerzos, tanto de inspiración como de tenacidad y valentía excepcionales. Ellos le infundieron, sin embargo, a América todo el carácter, todo el acento y la expresión que no habrán de perderse jamás. Ahora es el tiempo de la administración pacífica, tiempo de los virreyes de peluca empolvada y espadín, de los obispos tolerantes y suntuosos, de las universidades y las academias al estilo de Europa. El heroísmo, la genialidad y la violencia de los primeros tiempos se han convertido en burocracia sistematizada, en trabajo normal y en ese amor de la ilustración que conmueve a todo el mundo. Y el afán constructivo, como de ingeniero o albañil obcecado, que agita el alma de Carlos III, transpone el Atlántico y se traduce en esa floración de puentes, acueductos, fortalezas, calzadas, fuentes monumentales y palacios que van propagándose por toda la extensión de las Indias.

En esta ocasión viene Simón Bolívar al mundo. Caracas no es la opulenta Méjico ni la Lima señorial, porque la provincia de Venezuela no ha recibido de la Providencia el don de las copiosas, de las inextinguibles minas de oro y plata; tampoco posee grandes y muy ricas ciudades, porque el país se vió desde el principio desprovisto de una numerosa y pacífica población de indios trabajadores y semicivilizados como los de Méjico y Perú. Los indígenas de esta parte de Tierra Firme eran bárbaros, antropófagos y belicosos; no formaban importantes núcleos nacionales, y los que habitaban en los valles altos y fértiles, los indios "caracas", por ejemplo, opusieron tan larga y feroz resistencia, que del estrago de la guerra no quedó gente aprovechable. Pero aquel genio colonizador de que estaban investidos los españoles, y sus hijos los criollos, pudo siempre más que todos los obstáculos de la Naturaleza, y la provincia de Venezuela es también en el momento de plenitud del siglo XVIII un país próspero, presidido por esa gentil ciudad de Caracas que tantos hombres de extraordinario relieve ha de dar a la Historia.

El pequeño Bolívar tiene, pues, para sus iniciales acciones de muchacho vivaz un campo suficiente, una ciudad ni demasiado grande ni excesivamente modesta, dotada, por lo demás, aunque no en términos exagerados, de cuantos elementos pueden hacer amable y distinguida la existencia de un patricio. En Caracas abundan las familias próceres, que habitan en palacios de algo pobre arquitectura, pero de cómoda y señorial instalación. Como el temor a los terremotos está latente entre los pobladores, nadie osa alzar un piso en las casas solariegas, que ni por su altura ni por los materiales de construcción se diferencian mucho de las otras viviendas comunes. El estilo barroco de los últimos tiempos, tan universalizado en todo el Imperio de las Indias, otorga, sin embargo, algunos nobles rasgos de elegancia a las fachadas de las casas principales; las grandes puertas lucen sus jambas historiadas y sus volutas ostentosas; los escudos heráldicos confirman el prestigio de las portadas, y en las ventanas de abolengo andaluz siempre hay un algo gracioso, finamente artístico en su misma sencillez.

Fuera de estas casas patricias, reunidas en la parte céntrica de la población en la vecindad de la catedral, de los conventos aristocráticos y de la residencia del gobernador, se difunden hacia los extremos las viviendas de la plebe, pintadas de vivos colores y con los tejados bastante inclinados. El alero saliente contribuye a dar carácter a estas casas humildes, policromas, donde la gente de color vive a su estilo peculiar y a su gusto, en un clima suave que no exige exagerados esfuerzos para poder existir. Y todo en torno es bello y grande. La cumbre del Avila, a más de 2.500 metros sobre el mar, se levanta imponente ahí cerca, como quien dice encima de la misma ciudad, plantada de bosque hasta su mayor altura y embozada con frecuencia en un manto de nubes. A la otra parte se alza otra barrera de montañas boscosas, y en medio, cruzado por un río de modesto caudal, se extiende el valle risueño, fértil, animado, encantador. Es uno de tantos valles parecidos como hay en el país, destinados a la rica agricultura y pertenecientes por lo general a las familias próceres, herederas de los primeros conquistadores y encomenderos. En estos valles de la región central se reconcentra la parte más considerable de la población. Allí radican las mejores fincas, las más grandes haciendas, como también el mayor número de ciudades.

¿Y el mar? Para divisarlo no es preciso an

dar mucho camino. Dejando el valle, subiendo la cuesta hacia el poniente, el espectador encontrará pronto la divisoria, a más de 1.000 metros de altura, y desde allí podrá abarcar a lo lejos y en lo hondo la magnificencia del mar Caribe. Desde allí las montañas desiertas, plantadas de salvajes matorrales y de cactus de grandes brazos erectos, se precipitan hacia la costa, hendidas por hondas barrancadas. Pero el mar es otra cuestión. Es un mundo aparte de donde llega la vida, los útiles, las novedades, pero que se considera siempre con respeto, si no es con recelo. De allí vino en el siglo XVI aquel pirata británico, uno de tantos piratas como en el curso del tiempo ha solido lanzar Inglaterra sobre los flecos o los bordes de la opulencia española; aquel pirata, seguido de sus hombres brutales, que pudo caer sobre la recién fundada e indefensa Caracas y saquearla impunemente.

No contaba entonces arriba de 2.000 habitantes, entre españoles, indios, negros y mestizos. Pero en el último tercio del siglo XVIII la habitan ya 40.000 almas. Un poco antes, en los comienzos de este mismo siglo, el historiador Oviedo y Baños podrá hacer una descripción de Caracas tan llena de entusiasmo (tal vez también de ampulosidad barroca) como la que sigue:

"Las calles son anchas, largas y derechas, con salida y correspondencia en igual proporción a

todas partes, y como están pendientes y empe-
dradas, ni mantienen polvo ni consienten lodos;
sus edificios los más son bajos, por recelo de los
temblores, algunos de ladrillo y lo común de ta-
pias, pero bien dispuestos y repartidos en su
fábrica; las casas son tan dilatadas en los sitios,
que casi todas tienen espaciosos patios, jardines
y huertas, que regadas con diferentes acequias
que cruzan la ciudad, saliendo encañadas del río
Catuche, producen tanta variedad de flores que
admira su abundancia todo el año; hermoséan-
la cuatro plazas, las tres medianas, y la principal bien grande y en proporción cuadrada.
Fuera de la innumerable multitud de negros y
mulatos que la asisten, la habitan mil vecinos españoles, y entre ellos dos títulos de Castilla, que
la ilustran, y otros muchos caballeros de cono-
cidas prosapias, que la ennoblecen; sus criollos
son de agudos y prontos ingenios, corteses, afa-
bles y políticos; hablan la lengua castellana con
perfección, sin aquellos resabios con que la vi-
cian en los más puertos de las Indias, y por lo
benévolo del clima son de airosos cuerpos y gallardas disposiciones, sin que se halle alguno
contrahecho ni con fealdad disforme, siendo en
general de espíritus bizarros y corazones briosos, y tan inclinados a todo lo que es política,
que hasta los negros, siendo criollos, se desdeñan de no saber leer y escribir; y en lo que más
se extreman es en el agasajo con que tratan a la

gente forastera, siendo el agrado con que la reciben atractivo con que la detienen, pues el que llegó a estar dos meses en Caracas no acierta después a salir de ella."

Tal es, poco más o menos, la ciudad en que abre por primera vez los ojos a la luz Simón Bolívar. La casa donde nace es principal y anchurosa, como conviene a una familia patricia, opulenta y del más limpio abolengo. Muestra a la contemplación su arquitectura típica, su alero saledizo, sus ventanas enrejadas, su portalón claveteado, su blasón de pomposa cimera: una faja azul con panelas en campo verde es lo que aparece en el escudo, según prescripciones ganadas por los antepasados, unos leales hidalgos del señorío de Vizcaya.

La casa presenta por el interior las características de las mansiones coloniales. Los que todo lo miran a través del prejuicio mahometano, dirán que esta forma de edificios la copiaron los andaluces de los árabes. Pero en Andalucía antes que los árabes estuvieron los romanos, y antes que los romanos, los griegos, y la casa grecorromana sabemos que reconcentraba la vida de la familia en el interior, valiéndose de un sistema de patios, peristilos, jardines y corrales, donde las mujeres y los esclavos podían prescindir por completo de la calle, como en un mundo reservado y autónomo. Y antes aún que los romanos y las colonias griegas estaban los iberos, que en muchas partes de la Península habían alcanzado una aventajada civilización y construían sus casas según el tipo y disposición interior comunes a los pueblos cultos de la cuenca del Mediterráneo. Los conquistadores implantaron esta cómoda y práctica forma de vivienda en toda la extensión de las Indias. Si el lenguaje y los hábitos de las gentes son semejantes en los distintos virreinatos y capitanías, con las casas ocurre lo mismo. Una casa principal de Caracas resulta completamente idéntica que otra de Buenos Aires o de Santiago del Estero.

La casa en que Simón Bolívar viene al mundo ofrece las mejores cualidades de este estilo, al mismo tiempo útil y bello, aunque carezca de suntuosidad ostentosa. Los dos patios centrales, a los que converge la vida entera de la familia, son anchos, de buena proporción, y al fondo está el espacio que sirve discretamente de jardín, huerto y corral. Ahí, en esa parte del fondo, tienen su vivienda los esclavos, separados a un lado los varones y al otro las mujeres. En el primer término del jardín, unos granados brindan la vehemencia roja de sus flores, descollando sobre la viva blancura del tapial. Y dos hermosas palmeras reales, grandes y gallardas, completan adecuadamente la serena decoración del escenario familiar.

Todo este campo de hazañas lo conoce al dedillo el pequeño Simón. El niño Simón ha nacido endeble, frágil de salud, pero extraordinariamente vivaz, temerariamente decidido. ¡Cuántas veces se ha caído de bruces sobre esas uniformes baldosillas del piso de la casa paterna! Las iguales losetas conocen el paso titubeante del niño, cuando la esclava custodia le alienta a probar a caminar, y han conocido también la tibieza de las lágrimas, acaso de la sangre, del torpe infantito cuando cae de bruces sobre el pavimento. Después el pequeño Simón aprenderá a pisar fuerte. Esas mismas losas conocerán, sin duda, el paso firme del joven que se siente buen mozo y sabe pedir reservada opinión al espejo en la lozana edad en que, vestido a lo galán, con el sombrero bajo el brazo y la cabellera perfumada, acuda a los saraos en persecución del argumento supremo de la juventud: el eterno femenino.

Sí. Los pies de Simón Bolívar aprenderán a pisar fuerte. Con firmeza varonil hollarán todos los caminos posibles del mundo, bajo el cielo luminoso de España y de Italia, en la conmovida atmósfera de París o entre las brumas indecisas de Inglaterra, siempre en persecución de las ternuras del amor, de los goces de la inteligencia, de los riesgos y aventuras de las conspiraciones. Aprenderán a pisar fuerte sobre las tablas inciertas de los navíos en el fragor de las tormentas, sobre las sabanas infinitas, sobre las

cumbres de los Andes. Hasta que no podrán
más. Y abatidos por la dolencia implacable,
prematuramente vencidos, los pies se tiendan
exánimes en un lecho prestado para no agitar-
se ya nunca.

II

EL NIÑO PRÓCER

Simón Bolívar es un chico de familia linajuda que campa y triunfa en su ciudad natal mediante el favor de la más benigna Providencia. Todo lo ha recibido en graciosa abundancia nada más que por virtud de su nacimiento: un ilustre apellido en la vida de la Colonia, una gran riqueza, poderosos parientes y un espíritu agudo junto con un carácter curioso, atrevido y singularmente animado. Tiene además una hermosa presencia física y un buen gusto aristocrático para vestirse y comportarse en todos sus gestos. Unicamente la Naturaleza le ha escatimado algunos dones: no es aventajado de estatura ni posee una robustez tan grande como su brío. Pero el ánimo, el ímpetu y la voluntad suplen estas deficiencias, y durante toda su vida, en efecto, Simón Bolívar consumará acciones que parecerán increíbles en hombre de tan mediana salud. A los tres años ha perdido a su padre, y su madre no alcanzará tampoco una edad muy larga.

Es un chico mimado que se mueve dentro de las circunstancias más favorables, y hasta el clima y la época contribuyen a hacer más denso el halago que le rodea. La época es feliz como ninguna: el dulce siglo XVIII ha llegado a su mayor punto de madurez, y las provincias españolas de América disfrutan ahora de una notable prosperidad material y de una tolerancia de gobierno y de costumbres nada inferiores a las que puedan observarse en España bajo el régimen borbónico del despotismo ilustrado. Y el clima, por su parte, en esos altos valles del interior de Venezuela es un halago perpetuo, un suave verano inextinguible que ayuda a la formación de la precocidad tropical. Inteligencia precoz y carácter voluntarioso que no conoce la limitación, por ahí anda Bolívar el mozo, moviéndose en el marco de Caracas como un vivo presagio de algo grande que el porvenir no tardará en revelar.

Desciende de un hidalgo vascongado que vino a Tierra Firme en los primeros tiempos de la colonización como funcionario del Rey Felipe II. Era el año 1588. Don Simón de Bolívar, establecido en Caracas, marchó en 1590 a la corte de Madrid en calidad de procurador de la Colonia y parece que consiguió importantes concesiones. Luego regresó a Caracas para reanudar sus actividades de funcionario distinguido y acrecentar su posición económica. Este impulso inicial en el camino de la riqueza irá conservándose en la familia con el mejor éxito y sin interrupción durante dos siglos. El hijo de este primer Bolívar, nombrado también Simón, entra en la Iglesia al enviudar y llega al alto cargo de comisario del Santo Oficio en Valencia de Indias y visitador del obispado. En la tercera generación hay un D. Antonio Bolívar, que es erigido alcalde de Caracas. Don Luis Bolívar, también alcalde de Caracas, pertenece a la cuarta generación. En la quinta generación aparece un don Juan de Bolívar y Villegas como poblador de la villa de San Luis del Cura y justicia mayor de los valles de Aragua. Estos cargos quedan vinculados en la familia, que manda en Aragua con un poder perfectamente feudal, con pleno imperio sobre la tierra y las personas. Así, D. Juan Vicente Bolívar sucede a su padre, D. Juan, como justicia mayor y gana el grado de coronel de las milicias. Casa con doña María de la Concepción Palacios y Blanco, de la que tiene cuatro hijos: Simón, Juan Vicente, Juana y María Antonia.

De tan ilustre, rica, encopetada estirpe colonial procede nuestro Simón Bolívar. Rica y poderosa en sumo grado es la familia, que posee las minas de cobre de Aroa y espléndidas propiedades en los valles de Aragua y del Túy. El día en que Simón es bautizado, como si las riquezas naturales fuesen pocas, todavía se le ocurre a un pariente, D. Juan Félix Jerez, regalar al infantito una finca que renta 20.000 pesos anuales. Simón Bolívar ha nacido en Caracas el 24 de julio de 1783.

Noble y señor. Es noble por todos los lados que quiera examinársele, y si esto, cuando el siglo XVIII marcha muy avanzado, en Europa va perdiendo su antiguo rigor, en las Indias conserva una capital importancia. La diferencia de clases está en las Indias agravada por las diferencias de color. No sólo en las Indias españolas, sino más todavía en las posesiones británicas. El mérito de la raza blanca adquiere en toda la América colonial un sentido de excepción que con frecuencia se hace dramático, y no ha de extrañarnos que las personas de origen europeo mantengan el orgullo y la fuerza de la sangre con la mayor insistencia, desde que sabemos que el indio significa servidumbre e ignorancia y el negro equivale a esclavitud y brutalidad. En cambio, el blanco se considera el representante legítimo del conquistador, señor natural de la tierra, y el que posee la cultura, la distinguida sociabilidad y los hábitos de nobleza.

Siete son las castas que pueblan las Indias. Los españoles nacidos en Europa; los españoles nacidos en América, nombrados criollos; los mestizos de blanco e indio; los mulatos de blanco y negro; los zambos, procedentes de indio y negro; los indios; los negros. Después caben muchas subdivisiones, como la de los zambos prietos, producto de negro y zamba; los cuarterones, hijos de blanco y mulata; quinterones, de blanco y cuarterona; salto-atrás, o sea la mezcla en que el color del hijo es más obscuro que el de la madre. Y al final, como las mezclas se complican indefinidamente, se recurre al nombre de "pardo" para señalar a toda gente de color. En la época de Simón Bolívar los pardos componen más de la mitad de la población de Venezuela.

Se comprende que los súbditos de raza blanca reclamen en las Indias su privilegio de nobleza con más rigor aún que en Europa, porque aquí la plebe es dos veces plebe; por componer la raza vencida y explotada y por su fealdad y grosería física. La sociedad en que ha nacido y vive Simón Bolívar es la que más duramente mantiene esta división de castas. A veces en España los legisladores se sienten apiadados por todas esas gentes serviles de las Indias y hacen firmar al Rey edictos e instrucciones de una profunda humanidad; pero la dominante casta de los blancos criollos, descendientes legítimos de los conquistadores y los encomenderos, se encarga de desvirtuar o hacer en la práctica inservibles las instrucciones que llegan de tan lejos. Los blancos criollos se excusan con razones de fuerza inmediata. Alegan las exigencias de la realidad. Dicen que los legisladores y el mismo Rey que viven en España no pueden conocer las necesidades de la vida en las Indias, tan opuestas en todo. Y continuamente procuran arrancar a los gobernadores pragmáticas de índole defensiva.

En una sesión que el Ayuntamiento de Caracas celebra el 14 de abril de 1796, el pleito de la diferencia de castas queda planteado con singular animación. Son los parientes, protectores y amigos de Simón Bolívar los que se reúnen en el Ayuntamiento para considerar la real cédula de "gracias al sacar", expedida en Aranjuez el año anterior, y pedir al Rey que la suspenda, porque "Dispensados los pardos y quinterones de la calidad de tales, quedarían habilitados, entre otras cosas, para los oficios de república, propios de personas blancas, y vendrían a ocuparlos sin impedimento, mezclándose e igualándose con los blancos y gentes principales de mayor distinción en la república, en cuyo caso, por sufrir este sonrojo no habría quien quisiese servir los oficios públicos, como son los de regidores, y todo el resto de todos los que se benefician y se rematan de cuenta de la real hacienda, y podrían originarse disensiones y turbación en las respectivas clases de la república por la dispensa de calidad que se les conceda a estas gentes bajas que componen la mayor parte de las poblaciones, y son por su natural soberbias, ambiciosas de los honores y de igualarse con los blancos, a pesar de aquella clase inferior en que los colocó el autor de la Naturaleza... El ascenso de los pardos a la calidad de blancos es espantoso a los vecinos y naturales de América, porque sólo ellos conocen desde que nacen, o por el transcurso de muchos años de trato en ella, la inmensa distancia que separa a los blancos y pardos, la ventaja y superioridad de aquéllos y la bajeza y subordinación de éstos..."

La representación del Ayuntamiento de Caracas es desechada en Madrid. Pero con leyes o por encima de las leyes, la casta aristocrática vive una vida perfectamente aparte, que ella misma se construye y que se cimenta en el privilegio del género más terminante. Las diferencias se marcan en todo, comenzando por las particularidades del vestido. Así, únicamente pueden en Venezuela usar manto largo las damas principales, de donde les viene el título de "mantuanas" con que son distinguidas.

Y esta casta aristocrática, poseedora de las encomiendas de indios, de las minas, de las ricas plantaciones y de muchedumbres de esclavos negros, suele mirar con suspicacia, cuando no es con franca hostilidad, muchas de las mejoras progresivas que llegan de España. Es lo que le ha ocurrido a la Real Compañía Guipuzcoana de Caracas, la cual, desde su establecimiento en el país, sólo ha encontrado malquerencias, estorbos y conspiraciones. Sin embargo, la Compañía Guipuzcoana vino a hacer prosperar la agricultura, a enriquecer la economía del país, a poner

orden en la administración y elevar el tono de
las costumbres comerciales. Pero es que ha osado también interrumpir la pingüe y desvergon-
zada explotación del contrabando que la casta
aristocrática criolla hacía por intermedio de la
isla holandesa de Curaçao, y ha turbado el tradicional sistema de privilegio, de pereza, de co-
modidad que esta clase dominante cultivaba sin
competencia desde antiguo. La Compañía Guipuzcoana ha traído el bien al país, ha importado
civilización, progreso, bienestar y se ha defen-
dido bastantes años gracias al favor legal de la
corte; con todo, su decadencia ha sido al último
inevitable, y los criollos poderosos no le perdo-
narán nunca su venida ni se decidirán a recono-
cerle los méritos que ha contraído.

La fuerza de la sangre se persigue, pues, y se
mantiene con el más grande rigor en Venezuela,
lo mismo que en las otras partes de América.
La casta de los blancos criollos reproduce la costumbre, por ejemplo, de los godos invasores,
hombres altos y rubios, valientes y dominantes,
que no quieren cruzarse con la ralea de los his-
panorromanos, sino con mujeres de su propia
raza. ¿Pero lo consiguen siempre? ¿Pueden los
blancos de América impedir las filtraciones de
las sangres impuras? Hay una constante inmi-
gración de españoles, funcionarios, militares y
comerciantes, que se establecen y se casan en el
país y ayudan a reforzar el núcleo de la pobla-

ción caucásica; las principales familias, por otro lado, y sobre todo en la época borbónica, acuden a Madrid y se enlazan bastante a menudo con familias europeas. Pero no debe olvidarse que las primeras partidas de pobladores estaban compuestas de hombres casi exclusivamente, los cuales, obligados por la necesidad del sexo, uníanse con las mujeres indígenas en uniones que a veces eran públicamente consagradas y muy respetadas. Había capitanes casados con las bellas hijas de los caciques, y a los frutos de estos lazos de amor se les reconocían todos los honores de un caballero o de un hidalgo. Muchas de las conquistas y colonizaciones en las Indias no fueron hechas sólo por españoles venidos directamente de Europa, sino con la colaboración numerosa e importante de estos mestizos. El caso del inca Garcilaso no fué, naturalmente, una excepción. La sangre india tiñó desde el principio a la población española de América, sin que pudieran librarse de esta ingerencia las familias de más noble abolengo, siempre que su tradición americana fuese bastante antigua. La familia de nuestro Simón Bolívar, en los dos siglos que dura en Venezuela, ha tenido que trabar numerosas uniones con familias que, a su vez, se han mezclado con todo género de gentes, incluso con los "nuevos ricos" de procedencia mulata o cuarterona. En fin, nuestro Simón Bolívar tiene su correspondiente ligera porción de sangre teñida en sus venas. Esto le hace ser un americano perfecto y virtual.

La casta privilegiada de los blancos asume la responsabilidad de mantener vivo el espíritu de la cultura en la vida de la Colonia, y es indudable que en Venezuela cumple bien su deber. Hay en Venezuela una ilustración, una vivacidad inteligente y una especie de inclinación a crear personalidades extraordinarias que sorprenden, desde luego. Y no es porque abunden los medios culturales. Caracas no puede, ni remotamente, compararse a centros de ilustración tan bien dotados como Lima y Méjico. Ha de creerse, por tanto, que existen en el ambiente venezolano condiciones particulares que favorecen la formación de un notable estado de cultura pública y de caracteres de vigorosa originalidad. La población de las ciudades se distingue por su viva inteligencia, y los mismos "pardos" participan de este mérito. Es verdad que en la representación del Ayuntamiento de Caracas a la corte de Madrid, que hemos citado antes, se dice que "no debe franquearse a los pardos la instrucción de que hasta ahora han carecido y deben carecer en adelante..., porque hormiguearán las clases de estudiantes mulatos, pretenderán entrar en el Seminario, rematarán y poseerán los oficios concejiles, servirán en las oficinas públicas y de real hacienda, y vendrán los tristes días en que España, por medio de la fuerza, se vea servida

de mulatos, zambos y negros, cuya sospechosa
fidelidad causará conmociones violentas". Pero
recordemos también lo que afirma el historiador
Oviedo y Baños sobre los criollos de Caracas a
principios de este siglo XVIII: "siendo, en general, de espíritus bizarros y corazones briosos, y
tan inclinados a todo lo que es política (cultura
diríamos hoy), que hasta los negros, siendo criollos, se desdeñan (se avergüenzan) de no saber
leer y escribir". Partamos por la mitad estas
dos apreciaciones, y siempre nos quedará un ex-
celente resultado en favor de la cultura pública
de Venezuela.

¿Y cómo es que se consigue esta buena disposición para la enseñanza? Los que todo lo fían
a la estadística y a los datos oficiales nos presentarán un estado bastante pobre de los recursos con que cuenta el país para el fomento de la
instrucción. Nos dirán que en el año 1591 no
había en Caracas más que una escuela prima-
ria, dotada con los 50 pesos que para el caso
tributaban los vecinos. Después se fundó un Seminario, con cinco cátedras: dos de teología, una
de filosofía y dos de gramática. En 1721 expide
el Rey licencia para establecer la Universidad.
Podrán decirnos también que los primeros pia-
nos llegan a Caracas en 1796, y que al año siguiente el Ayuntamiento ordena construir un
teatro, en el que se cantará por primera vez una
ópera, hacia el año 1810. En fin, nos hablarán

del espíritu rancio y limitado de la Universidad y de la monotonía y pacatez de los estudios oficiales.

Pero, como siempre, las estadísticas no nos darán la substancia profunda de la realidad. Y la realidad se halla patente en esa feliz disposición que Venezuela muestra para producir excepcionales talentos, y talentos de la más extensa cultura, como el que más tarde llegará a ser el famoso general Miranda, o como el admirable Andrés Bello, maestro en poética y en erudición literaria. Hombres que se forman en Caracas y que se nutren de la cultura que hay en Venezuela, y luego pueden lanzarse al mundo y representar el mejor papel fuera de su país. A los centros oficiales de enseñanza hay que añadir las órdenes religiosas, los frailes o jesuítas fervorosos de la educación, los sacerdotes, los maestros particulares, y esas personas que vienen de Europa y traen los últimos libros curiosos y las gacetas interesantes, y esas tertulias en donde se comentan las noticias del mundo y se habla de las ciencias con amorosa dedicación. En la casa de Ustáriz, por ejemplo, hay lecturas de poesías que adquieren el carácter de verdaderas fiestas. Sojo y Olivares suelen organizar hermosos conciertos de música clásica. El capitán general tiene una distinguida tertulia, así como los grandes señores criollos marqués del Toro, conde de San Javier, conde de Tovar.

En cuanto a la severidad de la censura, las estadísticas nos puntualizarán también todos los castigos que amenazan a quienes introducen libros y folletos peligrosos en Venezuela. Estas prohibiciones no serán mayores que las que se dictan para España, y todos sabemos con qué profusión circulan por España los tomos de la Enciclopedia y las más censuradas obras de Rousseau y de los filósofos y políticos ingleses. Todos estos libros se propagan por Venezuela, pero precisamente entre las personas de calidad, entre los nobles y los poderosos. Aquellos que pueden sin dificultad eludir la vigilancia de la justicia, porque los jueces y censores se hallan sometidos a ellos. En la sociedad distinguida de Venezuela ha prendido, pues, como en todas partes, la moda enciclopédica, y las gentes nobles de Caracas, fieles al sino dieciochesco, alternan el aristocrático culto de la elegancia con una sentimental inclinación hacia nuevas formas políticas que prometen hacer felices, benignos, libres y amigos de las luces a los pueblos.

III

AÑOS DE JUVENTUD Y DE AMOR

Bolívar no había de ser menos que los otros. Al contrario, la naturaleza de Bolívar se halla singularmente organizada para dejarse prender por las más radicales teorías. Es un mozo inquieto, inclinado a las travesuras, voluble y burlón, desobediente y desaplicado. Enemigo, en fin, de la disciplina. Ha recibido lo que se llama una mala educación. Al perder a su padre a los tres años, la Audiencia le ha puesto bajo la tutela del ilustre jurisconsulto de Caracas D. Miguel José Sanz. Pero excesivamente ocupado este grave señor en sus asuntos profesionales, no logra atender a su pupilo como debiera y decide restituirlo a la casa materna. La madre es una señora de pálida tez, con un vago sello de fatiga en la expresión del rostro. Nuestro Simón se parece a ella físicamente. Toda la intención pedagógica de la madre se estrella contra el ímpetu indisciplinado de este mozo, que no conoce de la vida más que el mimo, y que por instinto y por los fueros de la estirpe se inclina siempre a seguir los imperativos o los simples caprichos de la voluntad.

Para aprender las primeras letras le han puesto de maestro al hombre más extravagante de Caracas: Simón Rodríguez. A veces no quiere llamarse Simón Rodríguez, sino Robinsón. Y antes se ha quitado su verdadero primer apellido, el de Carreño, por no parecerse a un hermano suyo a quien, a causa de la disparidad de opiniones, detesta. ¡Hombre bizarro, original espécimen! Simón Rodríguez ha leído todos los libros y es republicano fanático.

Para aprender un poco de latín le han puesto a Bolívar a estudiar con Guillermo Pelgrón. Los padres Negrete y Andújar le inician en el conocimiento de las humanidades, y Andrés Bello le da algunas nociones de ciencias físicas. Pero entre todos sus maestros y preceptores, es a Rodríguez a quien prefiere. Y Rodríguez, sin embargo, no se distingue por la presencia personal ni por el prestigio público. Es todo lo opuesto al tipo físico y social que un currutaco como Bolívar puede apetecer, y cuando alguna vez marchan discípulo y preceptor por las calles caraqueñas, la gente se vuelve a mirarlos y todos se ríen del contraste que forman la figura desgalichada del maestro y el porte gentil, lujoso, esmerado del discípulo.

Este Rodríguez es aquel personaje esencial
que el destino suele situar al paso de un grande hombre en agraz en el momento oportuno.
El momento no puede ser de mayor oportunidad. Es esa hora de la personalidad en flor,
cuando la adolescencia curiosa, blanda y vehemente se deja influir por toda idea fuerte que
pasa. Cuando el carácter es todo él femenino
y siente un íntimo entusiasmo de entregarse.
Cuando el alma está todavía sin formar y deja
que otros la conformen. Cuando la ignorancia
y la generosidad juveniles facilitan el acceso a
las ideas exageradas, y tienen que ser precisamente exageradas si quieren que el alma en flor
acceda a recibirlas.

Bolívar le tributa a su maestro un cariño en-
trañable. Rodríguez ama también a su discípulo porque encuentra en él la materia dócil, el
espíritu manejable en quien poder ensayar sus
teorías personales, ilusas o arbitrarias. Puede,
además, lucirse con el muchacho como filósofo y
reformador, lo que no suele conseguir mucho
con las otras personas, que le oyen como a un
pintoresco chiflado. Sólo Bolívar le escucha y
le comprende, como saben escuchar y compene-
trarse las vehementes naturalezas juveniles. Y
acoge cuanta lectura le proporciona el curioso
preceptor como positivas páginas de un emocionante Evangelio.

No son los libros propiamente científicos los

que cultiva Bolívar, sino los otros, los que pueden enardecer su inteligencia entusiasta. Aprender las ciencias no es lo que más le gusta: le gusta entregarse al poder seductor de esa literatura enciclopédica que los grandes autores europeos han ido acumulando durante el siglo y que ahora, al final del centenario, está madura como un incomparable triunfo de la razón, pero de la razón liberada de todo despotismo religioso y tradicional. Rodríguez le habla de los derechos del hombre, de la libertad de los pueblos, del reinado de la justicia y la fraternidad humanas, y cómo sobre las ruinas de las viejas constituciones políticas y sociales tiene que levantarse la única forma de gobierno que puede hacer benignos y felices a los hombres todos: la República.

Le da a leer las obras de los clásicos griegos y latinos en traducciones francesas, al mismo tiempo que le abre el acceso a los libros de Spinoza, Hobbes, Holbach, Montesquieu, Rousseau, los enciclopedistas. Así es como la inteligencia de Bolívar el mozo va nutriéndose y formándose; así es como el mundo de las ideas religiosas, filosóficas y políticas adquiere en su mente un arraigo que deberá ser decisivo para el resto de la existencia. En cuanto a los clásicos españoles, Bolívar los omite en el plan de su educación. El maestro Rodríguez le enseña a desdeñar la cultura española, por lo mismo que es una legítima mentalidad dieciochesca. Todo el siglo es una terminante recusación del espíritu hispano, y los enciclopedistas han insistido sobre esto de un modo inapelable: lo español es lo contrario del progreso. Católica, intransigente, imbuída de absurdos prejuicios hidalguescos, España es la nación que por naturaleza aborrece las luces. Así lo aseguran todos, lo mismo los ingleses protestantes como los franceses racionalistas. No hay que pensar en España más que para aborrecerla o, cuando menos, para desdeñarla.

Sin duda, no es único Simón Rodríguez en pensar así, ni tiene que hacer grandes esfuerzos de dialéctica para empujar al pequeño Bolívar por el camino del desamor hacia España. En Venezuela, como en toda América, la casta de los criollos blancos siente un íntimo resentimiento contra el español peninsular. El español de España se ha convertido cada vez con más fuerza en el rival, simplemente. En los comienzos del coloniaje, los criollos del Nuevo Mundo sentían por España, por la España grande y poderosa de entonces, tanto respeto como admiración, y todos se enorgullecían de poderse llamar españoles. Más tarde comenzó España a debilitarse; de todos los lados surgieron críticas y condenaciones contra la nación que el siglo XVIII aborrece con singular ensañamiento. Es cuando los criollos blancos e instruídos, y ricos, empiezan a desentenderse de España. Empiezan a no querer llamarse españoles, sino americanos. El mentor del pequeño Bolívar, ese estrafalario Simón Rodríguez que está soplándole a su discípulo ideas tan audaces, en cierto modo no hace más que publicar a voces lo que muchos de sus compatriotas piensan en secreto o se comunican en la intimidad. Los padres de Simón Bolívar todavía se mantienen fieles a la tradición de los nobles antepasados. Conservan el culto español de viejo estilo, y dejarán, en efecto, mandado que el pequeño Bolívar se traslade a Madrid a educarse en las buenas normas españolas, como conviene a un vástago de familia tan principal, aunque el inquieto mozo aproveche su ida a Madrid para actuar en aire de criollo impertinente.

Pero esta especie de idilio pedagógico ha terminado bruscamente con la huída de Simón Rodríguez, alias *Robinsón*. Rodríguez, por lo visto, no se limita a las funciones de un platónico republicano; quiere, como otros compatriotas, instaurar nada menos que la República en Venezuela, y convertir a Venezuela en nación independiente. Porque, sin duda, la Revolución francesa no ha ocurrido en vano. Efectivamente, en el año 1797 se descubre una conspiración dirigida por D. Manuel Gual y D. José María España, entre otros. Los confabulados son bastantes, más de ciento, contando a dos frailes franciscanos en la lista. No se ha llegado a un choque armado. Los flamantes instauradores de la República en Venezuela han caído en manos de las autoridades, apagándose brevemente el falso incendio ante la reprobación de las personas importantes de Caracas, que se apresuran o ofrecer al capitán general sus vidas y haciendas y proponen, si hiciera falta, armar a su costa compañías de milicias para defender al Gobierno del Rey. No ha pasado nada en resumidas cuentas; pero el maestro Rodríguez, complicado en la fracasada conspiración, acuerda prudentemente abandonar el país y se marcha a Europa, donde viajará largos años como un vagabundo dedicado al cultivo de la ciencia que más le gusta: la Química.

¡Se acabaron las buenas pláticas con el hombre curioso! ¡Adiós! El raro amigo se ha marchado, y es posible que para siempre. ¿Para siempre? ¿Acaso no se han prometido mutuamente que volverán a encontrarse en algún sitio del viejo Mundo? Desde pequeño está destinado Simón Bolívar a pasar a Europa; sus padres lo quisieron. Cuando el mozo marche a España, ¿quién habrá de impedir que busque el lugar europeo donde se refugie Rodríguez y allí reanuden sus amistosas pláticas?

Por el momento Bolívar ha recibido del Rey el grado de subteniente del batallón de blancos de los Valles de Aragua. Su padre fué coronel en el mismo batallón. No tiene más de

quince años, y el Real nombramiento le sirve
para disfrutar durante los seis meses que dura
su servicio el gozo tan legítimo, tan juvenil de
lucir el brillante uniforme marcial. Se pavonea,
pues, en las paradas el gallardo y nervioso alférez, o da envidia a sus contemporáneos y hace
que en secreto suspire más de una bella, cuando
cruza la plaza con aire arrogante y vestido a lo
guerrero. Después, sin dilatarlo más, su tío materno, D. Carlos Palacios, cumple por último el
deseo de los padres y dispone el embarque de
Bolívar para España, donde ha de perfeccionar su educación.

Es el día 19 de enero de 1799 cuando el emo-
cionado joven sube a la cubierta del navío español *San Ildefonso*, que ya está haciendo los
preparativos de la partida en la rada de La
Guayra. El viajero deja que los servidores
acomoden su equipaje en la cámara de lujo que
le han reservado y se asoma a mirar la tierra,
las casas apretujadas en la abrupta costa, la
montaña imponente, la fortaleza. La patria, en
suma. Pero Bolívar no es un temperamento
melancólico y huraño. Su juventud vehemente
le impide abandonarse a una estéril tristeza en
esta hora de la partida. ¡Es la vida tan variada
y esconde tantos secretos y placeres! Los mari-
neros cantan su monótono estribillo dando vueltas al cabrestante; los contramaestres regañan
y vocean; los bateleros negros arman en torno

su algarabía habitual; el ancla ha sido levada. Y el navío *San Ildefonso,* todas las velas desplegadas, va internándose majestuosamente en la alta mar.

Primero se dirige a Veracruz. Como una escuadra inglesa tiene bloqueada a La Habana y el navío no podrá partir tan pronto como quisiera, Bolívar, en llegando a Veracruz, acuerda trasladarse a la ciudad de Méjico. ¡Qué espléndida ciudad! Mucho más grande, mucho más rica y monumental que Caracas. El joven viajero se siente entusiasmado. Y como trae cartas de presentación y su linaje es tan ilustre, en seguida se relaciona con las mejores familias de la ciudad. Empezando por la familia del Virrey Azauza, el cual le invita a compartir la tertulia que suele tener en Palacio.

Pero el pacífico Virrey es probable que en el secreto de su alma se haya arrepentido de haber franqueado su respetable tertulia a este mozo atolondrado que viene de Caracas con semejante ímpetu de ideas nuevas. Una vez, por ejemplo, que están hablando de los sucesos políticos, y al venir a cuento el caso de la Revolución francesa, el fogoso petimetre venezolano se ha puesto a desbarrar con la mayor audacia, vertiendo delante del Virrey y del general Alava, que se hallaba presente, toda la doctrina republicana que le ha insuflado el maestro Rodríguez. Todos se asombran al oírle. Por fortuna, el

Virrey se hace cargo de la demasiada mocedad
del imprudente y le perdona o disimula el ex
abrupto.

No; el joven Bolívar no es prudente. Ni tiene
para qué serlo. La vida le sonríe, el porvenir
se le muestra lleno de encantos y curiosidades
y posee dinero en abundancia. ¡A la mar! Se
embarca de nuevo en Veracruz y el navío le
lleva por las soledades luminosas, de cara a los
horizontes desconocidos, brindándole al alma
las sugestiones marineras que tantas veces había deseado. Está celebrando sus bodas con la
aventura. También él, como un navío que interrumpe su pasividad en el puerto, ha levado el
ancla. ¡Sólo Dios conoce las tormentas que le
acometerán, los triunfos que le esperan, las
playas benignas o inhospitalarias a las que ha
de pedir refugio! De cualquier modo, ¡sea!
¡Proa a la vida!

Y al apuntar la mañana de un suave día de
mayo, Bolívar sube a cubierta y descubre en-
frente la montuosa costa de Cantabria. He aquí
España. Esa es España... La contempla con
curiosa y larga atención, apoyado en la baran-
da de la obra muerta, y examina sobre todo el
color de las montañas, el estilo de los cultivos,
la forma y la proporción de las viviendas. Diferente. Hasta el aire atmosférico encuentra que
es distinto, como si el cielo y el ambiente hubieran sido tamizados, purificados. Al recordar

la tropical exuberancia de América, como de un mundo que ha salido recientemente de las mismas manos de su Creador, la presencia de Europa le produce una impresión extraña. Todo parece estar hecho y acabado hace mucho tiempo. Parece que el Creador ya no tiene parte en la obra, y que ésta se halla completamente en poder de los hombres. El mismo cielo se diría que ha envejecido un poco. La luz es más tenue, más tibia y delicada.

Bolívar ha desembarcado en Santoña, para trasladarse seguidamente a Bilbao. Y a los pocos días toma el camino de Madrid. Pero no le exijamos que nos confíe sus impresiones íntimas cuando llega a la corte, pues la novedad de cuanto descubre y la vida social muy activa que lleva desde el principio le absorben por completo el ánimo. Por lo pronto queda hospedado en casa de su tío materno D. Esteban Palacios, en la calle de Jardines. Después se instalará por su cuenta en el número 8 de la calle de Atocha.

Se ha encontrado Bolívar en Madrid con un núcleo de personas venezolanas de alta posición y gran simpatía que le ayudan a que sean fáciles sus primeros pasos de advenedizo. Ahí está el Marqués de Ustáriz, amigo de su familia y que provisionalmente le sirve de curador; ahí también D. Bernardo Rodríguez, hermano del Marqués del Toro; y el coronel Freites; y los estudiantes Luis de Eraso y Esteban Escobar, y el guardia de Corps D. Manuel Mallo.

Este Manuel Mallo, este joven caraqueño,
gallardo guerrero y venturoso amador, es el que,
naturalmente, atrae al advenedizo. Porque el
brillante guardia de Corps se encuentra en el
ápice de su fortuna. Es el hombre que, si quisiera, podría más que nadie en toda España.
Como que ha substituído a Godoy en el usufructo del lecho Real. En fin, todo el mundo sabe
que Manuel Mallo es por el momento el amante de la Reina María Luisa.

Y el afortunado D. Juan no posee precisamente la virtud de la discreción. Al contrario,
es un poco cínico, muy pagado de su éxito
amatorio y capaz de todas las revelaciones. A
su compatriota Bolívar, al mismo tiempo que
le otorga su amistad, le franquea los más íntimos secretos de alcoba. Y para hacer más evidente su triunfo, suele invitar a Bolívar a su
propia casa en ocasiones en que la Reina María
Luisa, saliendo de Palacio disfrazada, acude
a cenar con su amante. Cenan, beben, ríen, y
se dice que alguna vez es Bolívar el encargado
de acompañar a la Real dama descarriada hasta Palacio, muy de noche y por callejones solitarios.

De este modo la imaginación impresionable
del joven Bolívar tiene ocasión de encararse
con la realidad de la Monarquía. ¡Y en qué des

dichado trance la contempla! La incontinente italiana aparece a sus ojos en toda su repugnante grosería de la mujer que pronto llegará a la cincuentena y no quiere renunciar al culto de Eros. La ve humillarse en una cita temeraria con el guardia de Corps, hambrienta de materia juvenil, mientras afrenta a su pobre esposo y deja que la salud de España, la existencia y la dignidad del extenso imperio español, vayan precipitándose a la ruina. Ciertamente, no es una prueba así la que necesitaría la imaginación de Bolívar para reconciliarse con las ideas de sus antepasados. Todas las teorías subversivas que le ha insuflado el preceptor Rodríguez en Caracas, más las otras muchas que ha ido absorbiendo a través de los autores que tratan de la Revolución francesa, adquieren ahora plena confirmación. Si alguna vez, como la generalidad del pueblo americano, ha visto desde lejos al Rey como la auténtica representación de un mandato divino, todo justicia e inteligencia, ahora puede de cerca contemplarlo como una viva representación de la simplicidad mental, de la privación de carácter, y a la Reina como a una vulgar impúdica.

A esta edad, por supuesto, la mente no conoce los recursos del paliativo ni los razonamientos conciliadores. A esta edad, y con el carácter de Bolívar, las ideas se abalanzan derechamente a las últimas consecuencias. Bolívar se reafirma en su entusiasmo por la libertad y en un anhelo, todavía algo difuso, de hacer independientes a los pueblos americanos. Y lo dice acaloradamente en casa de su amigo y protector el Marqués de Ustáriz, a quien Bolívar profesa tanta admiración como cariño. Después llegará a confesar que las conversaciones con el Marqués le enseñaron más que los mejores libros, y que lo consideraba tan sabio como los propios sabios de Grecia. Este Marqués de Ustáriz, aunque en el fondo no desapruebe las ideas de independencia que lanza el fogoso muchacho, se cree obligado a aconsejarle prudencia, mostrándole todas las enormes dificultades que se opondrían a tan audaz propósito. Le advierte también los peligros inútiles a que se expone hablando de esa manera, y le dice que aproveche el tiempo en el estudio.

En efecto, Bolívar conoce aquí, en Europa, toda la extensión y profundidad de su ignorancia. No tiene más que confusas ideas enciclopédicas. No ha estudiado nunca con orden sistemático. Ahora se le presenta la ocasión de hacerlo. Y toma maestros competentes, estudia Matemáticas, asiste a lecciones de idiomas y de clásicos antiguos y modernos; pero con tal obstinación, que sus camaradas, francos adversarios de los libros, empiezan a temer por su salud.

Mientras tanto ¿qué hace el corazón de este

joven vehemente? En casa del Marqués de Ustáriz ha conocido a una joven que le lleva dos
años de edad. Es hija de D. Bernardo Rodríguez del Toro y de doña Benita Alayza y Me-
drano, de la noble casa de los Marqueses de
Juicio y de Alayza. La joven ha nacido en Madrid, en la calle de la Corredera Alta de San
Pablo, y se llama María Teresa. No es hermosa,
pero sí muy atractiva, de dulce carácter y es-
merada educación. Repentinamente, con el fuego propio de su juventud y su brioso carácter,
Bolívar se ha enamorado de la gentil doncella.

Se ha enamorado con tal ímpetu, que no sabe
pensar en nada que no sea el objeto de su
amor. Y como la doncella le corresponde desde
el primer momento, el fogoso mancebo resuelve casarse. Muy bien. El padre de la novia no
desaprueba el proyecto. Estima a Bolívar por
sus notorias prendas personales, por su abolengo y por sus riquezas; pero comprende que es
demasiado joven para contraer tan seria responsabilidad. ¿Por qué no ha de esperar unos
años? El mozo se resigna a la espera, y mientras tanto convierte su vida en un idilio ine-
fable.

¡Horas dulces y profundas de Madrid, es-
maltadas de citas confidenciales, de misivas re-
dactadas al estilo tierno y elevadamente sentimental de la época, de paseos en carroza por
las Delicias y el camino de El Pardo, de veladas

teatrales, con ópera italiana o comedia de Moratín! ¡Y qué providencial defensa resulta para el ardiente joven caraqueño este hondo y puro arrebato de pasión! Se halla en la edad más crítica, libre en Madrid, con caudales cuantiosos a su disposición y con un temperamento que nada tiene de casto. Después, durante toda su vida, demostrará que la continencia erótica no puede contarse entre sus virtudes. Si ahora careciese de un freno eficaz, ¿a qué desdichados extremos de lujuria y de frivolidad no sería empujado, convirtiéndose probablemente en un ordinario calavera? La corte está llena de jóvenes nobles, de señoritos, de currutacos o petimetres que sólo piensan en amores fáciles y en orgías con toreros y majas desvergonzadas. Bolívar podía haberse asociado a la desastrosa existencia de todos ellos, y arruinar su salud, quebrar acaso su vida en el culto prematuro de la lujuria, para el cual se halla tan predispuesto por naturaleza. Y malograr, por último, su alto destino. Madrid, de una manera estúpida, podía haber deshecho, inutilizado, al futuro constructor de naciones, si no es por la intervención de esa dulce madrileña que logra mantener al firme enamorado en trance de continua exaltación y le aparta, por lo mismo, de toda grosería viciosa y de toda frivolidad.

Lo cual no quiere decir que Bolívar caiga en el otro extremo. El mozo es aficionado al bien vestir y a la vida lujosa. Tiene su vanidad siempre a punto. Le gustan las tertulias y hace gran papel en ellas porque posee mucha facilidad de palabra, gran imaginación e ideas audaces que mantiene con fuego ante cualquiera. Como no es alto de estatura ni muy rosado y perfecto de rostro, se defiende con esa animación y esa vivacidad elocuente y simpática que trasciende de su nerviosa y distinguida figura. No conoce la timidez. Cuenta apenas diecisiete años y se comporta con la desenvoltura de un hombre hecho y derecho. Ríe con Manuel Mallo y los estudiantes caraqueños, pasa a caballo por la Carrera de San Jerónimo, gallardea en el Prado, entra a saber noticias picantes en la tienda del peluquero, y después, tranquilamente, toma lección de Matemáticas con el profesor o tercia en una disputa, en el salón del Marqués de Ustáriz, sobre el régimen que conviene imponer a los pueblos para hacerlos felices, benignos y amigos de las luces. Y el día mejor suele ser aquel en que consigue prolongar su paseo junto a la amada hasta los altos de la Moncloa, cuando el cielo limpio y fino de Madrid cubre el paisaje más noble que un espíritu inteligente puede ambicionar. La sierra, medio azul y medio blanca, al fondo; el monte de El Pardo, obscuro de centenarias encinas, en segundo término, y abajo la campesina alegría de la vega del Manzanares, que Goya suele tanto frecuentar en sus correrías de pintor y de buen aficionado a Venus.

El joven Bolívar no tarda en convertirse en uno de los más lucidos currutacos de la corte, y todos los elegantes que frecuentan el paseo del Prado buscan gustosos su amistad. Es la buena época del paseo del Prado. Los caballeros galanes presumen de cabalgar junto a las portezuelas de las carrozas, cuando una carroza de casa grande es un espléndido monumento de concha, nácar, oro y maderas finas, apto para conducir a una dama vestida y empavesada de sedas, muselinas, encajes, pelucas descomunales, polvos y pinturas a discreción, falsos lunares sin cuento; y cuando un caballerito o petimetre es a su vez una obra admirable de peluquería y del increíble arte de coser.

El sitio se anima y perfecciona con esa amable población mitológica, con esa variedad de fuentes monumentales que llenan de clásica y graciosa compostura el más célebre y noble de los paseos madrileños. La diosa Cibeles, excepcional imagen de la serenidad, muestra de modo insuperable la lección del supremo clasicismo, mientras un poco más abajo la fuente de las Cuatro Estaciones, presidida por Apolo, pronuncia bajo el palio de los plátanos gigantescos sus bellas contorsiones barrocas. Después la fuente de Neptuno, con su blancura absoluta, reafirma la contorsión barroca en el doble ade-

mán del dios tridentino y de los alborozados caballos galopantes.

Es ese punto comprometido del tiempo que
separa a los dos siglos antagónicos. El siglo de
las luces, siglo de la razón y del escepticismo,
va a terminar, y todavía no ha comenzado el
siglo de las barricadas, los desplantes román-
ticos y la máquina de vapor. Madrid da como
nunca la impresión de la auténtica ciudad alegre y confiada que no sabe la que le espera.
Las carrozas señoriales, llevando a la zaga los
dos parejos lacayos empelucados, transcurren
lenta y majestuosamente en fila de honor, mientras las calesas, con un majo ornado de madro-
ños y alamares en el pescante, pasan ligeras y
democráticamente rompen la fila ceremoniosa.
Aquí el galán de sombrero tricornio y espadín
al cinto, bota hasta el muslo y casaquilla de
seda, se incorpora a la portezuela de la carroza
en que la dama de sus sueños resplandece como
una consumada obra del arte del afeite. Marquesitas que reciben por la posta acelerada las
últimas novedades de París; duquesas que han
aprendido en la decantada e insinuante ciencia
de amar del decadente siglo las reglas del adul-
terio sin trascendencia; actrices de fortuna y
bailarinas de alto copete, de las que aciertan a
entretener el ocio mundano de los ricos personajes de la corte. A veces, las áureas y lejanas
Indias acusan su existencia por intermedio de

los lacayos negros que destacan sus gestos mo-
rrudos en la trasera de la carroza de un Virrey
del Perú o de la Nueva Granada. Y acaso el to-
rero·a la moda, guiando por sí mismo la cas-
cabelera calesa, escandaliza e interrumpe el
pausado concurso con el trote exagerado de su
brioso caballo andaluz. Las marquesitas y las
duquesas se asoman a verlo pasar, y alguna se
excede hasta el punto de enviarle una sonrisa de
inteligencia.

Son gentes que se hallan sin saberlo en la
dramática confluencia de dos épocas decisivas.
El tiempo de las bases firmes de la sociedad, de
las reglas y de las jerarquías toca a su fin;
pronto comenzará la era de las experiencias y
las resoluciones audaces. En Francia, desde luego, han ocurrido muchas cosas en estos últimos
años; pero las personas de autoridad procuran
que a las cosas no se les atribuya importancia o
se las dé por no acontecidas. También se han
publicado ya el *Werter* y *Los Bandidos,* en Alemania; los *Cantos de Ossián,* en Inglaterra;
pero los maestros en literatura hacen como que
no se han enterado de la aparición, allá en el
Norte, de la ráfaga romántica, y siguen reco-
mendando la sumisión a las correctas reglas del
clasicismo francés. Todo inútil. Por debajo de
las convenciones sociales y académicas, la nueva era se manifestará pronto en profundos es-

tallidos, y nadie podrá contener lo que viene empujado por la propia fatalidad...

Un día Manuel Mallo, ese donjuanesco guardia de Corps, pierde el favor de la Reina, cae en desgracia y lo apresan. Nadie sabe más de él. Entonces Bolívar pierde también la favorable posición que ha ocupado en la Corte. Había llegado a ser paje del Príncipe de Asturias, el que después habrá de reinar con el nombre de Fernando VII. Hay quien dice que cierta vez, jugando Bolívar con el Príncipe, que tiene un año menos de edad, le derribó el bonete que llevaba puesto. Y más tarde aprovecharán el inocente percance deportista para convertirlo en presagio de futuros ultrajes que con la espada rebelde ha de infligir Bolívar a la Corona del Monarca de las Indias.

Lo cierto es que Bolívar queda un tanto desamparado en Madrid y sujeto a sospechas. Bien quisiera casarse seguidamente y abandonar España. Pero el padre de la novia mantiene su primera decisión y no consiente en adelantar la boda. D. Bernardo del Toro, que está en Bilbao de temporada, le aconseja que ponga tierra por medio; así evitará las sospechas de las autoridades y podrá hacer más tolerable la espera; un viaje a París, por ejemplo. En efecto, Bolívar sale para Barcelona, embarca allí rumbo a Marsella y a principios de 1802 se encuentra instalado en la capital de Francia.

¡Y en qué ocasión grandiosa y espectacular! Acaba de negociarse en Amiens la paz entre Inglaterra y Francia, y todo son bendiciones, todo apoteosis y vítores para el salvador de la patria. Es el gran momento de Bonaparte, ese victorioso general que ha librado de enemigos a la República, que la ha consolidado y fortalecido para siempre. ¡Gloria al genio! Por todas partes no se respira más que entusiasmo, y Bolívar se manifiesta más entusiasta que ninguno. ¡Así es la República con la que sueña él! Un pueblo libre, feliz, benéfico, gobernado por un hombre generoso y fuerte que sólo aspira a la salud de la patria. Bolívar, el aristócrata, el hijo de los señores del valle de Aragua, el prosélito de la filosofía dieciochesca, saluda a Bonaparte como el prototipo de la humana aspiración.

Pero el amor le llama desde lejos con fuerza invencible y Bolívar regresa pronto a Madrid. Ya ha llegado de Caracas la Real licencia. Ya puede contraer matrimonio. A fines de mayo, cuando las vendedoras de rosas llenan de desgarrados pregones las calles de Madrid, Simón Bolívar se casa con María Teresa Rodríguez del Toro en la parroquia de San José. Y en el mismo día salen para La Coruña, a embarcar rumbo a Venezuela.

IV

EL CABALLERITO ELEGANTE
Y CURIOSO

La catástrofe ha sido tan espantosa, tan ĭnesperada, que Bolívar se siente como desplomado. ¿Para qué le sirve la existencia? ¿Cómo podrá reconstruir su vida sin objeto? Cuando todo le sonreía, cuando el cielo y la tierra parecían competir en la voluntad de concederle los mejores dones, he aquí que repentinamente se encuentra como el último de los desventurados. Poseía el amor, y ya no cuenta más que con el recuerdo de un cadáver. ¡Y cómo había amado a su dulce esposa, aquel ser delicado y gracioso que le auguraba una eterna serie de delicias y ternuras! De pronto, ese genio oculto del mal que late en las tierras tropicales se apoderó de la esposa, las fiebres malignas la consumieron. María Teresa, la dulce amada, ya no existe...

¡Todos los sueños han salido bruscamente derrotados! Las cosas estaban bellamente preparadas para una vida de placer y de útiles y honradas acciones. En la espléndida finca de San Mateo, en la hermosura del fecundo Aragua, Bolívar se emplearía en el fomento de las plantaciones, en la mejora de los cultivos, y se afanaría por el bien de los 1.400 negros que le pertenecen, al mismo tiempo que traería el orden y la justicia a la localidad en su cargo de alcalde y de coronel de las milicias de blancos. Después llegarían los hijos. Un porvenir reposado, imagen dichosa de la perfección familiar, se abría al alma de Bolívar como una promesa indudable. Y todo, sin embargo, ha sido como un vago sueño.

Bolívar, desplomado en tierra desde lo alto de su sueño de amor y de retirada tranquilidad agrícola, siente que la mano de su destino auténtico se apodera nuevamente de él y que lo empuja por los derroteros fatales. ¡Afuera! ¡Al mundo! Desesperado y con el corazón transido de insoportable amargura, Bolívar corre al puerto y se embarca para Europa. Antes, con el ademán patético y grandilocuente propio de la época, ha jurado lealtad eterna a la memoria de la pobre muerta. Jamás volverá Bolívar a casarse.

¿Por qué vuelve a Madrid? ¿Será porque obedece a la invencible atracción del enamorado en desgracia? ¿Quiere renovar imaginariamente las horas que transcurrieron aquí, en este mismo paseo, en esta esquina memorable, cuando los labios de ella sonreían con tan divina seducción? Pasea su ociosidad por Madrid, conversa con los amigos. Pero un vacío inexpresable le mantiene en perpetua desazón. En realidad es que se aburre. Y así, como por ahora han publicado un bando en el que se manda salir de la capital a todos los forasteros, a causa de la escasez de víveres, Bolívar toma en serio (nada le hubiera costado eximirse) su condición de forastero indeseable y se marcha de Madrid. Se marcha de España, rencoroso ya para siempre contra España.

Es por la primavera del año 1804. Las vendedoras de *muguet* difunden su encanto campesino por las calles de París, este incomparable París que siempre ha sido bello, pero que hoy, en la hora de mayor éxito de las armas de Francia, desborda de grandezas y atractivos. Ya están lejos los días de la incertidumbre revolucionaria. Los horrores de los demagogos entronizados no existen ya. No funciona la guillotina vengadora. Ya no hay República; Bonaparte se ha hecho proclamar Emperador. Y han regresado los aventureros, los abastecedores de las tropas, los contratistas, los especuladores. Se gasta en abundancia. El dinero y los placeres abundan entre los militares afortunados y los nuevos ricos surgidos de la guerra. París se ofrece como una dichosa tentación a toda alma juvenil que ame los goces de la materia lo mismo que los del ingenio, y Bolívar no titubea en abandonarse a sus encantos.

Pero ante la apoteosis triunfal de Bonaparte el espíritu de Bolívar se muestra en actitud muy distinta a la anterior. Antes veía en Bonaparte al genio que asciende a la altura para salvar las libertades y para guiar a la patria por el camino del bien. Era la misión que corresponde al genio. La Providencia histórica escoge a los hombres excepcionales para que gobiernen paternalmente a los pueblos según los derechos naturales y con arreglo a las leyes de la razón y la justicia. Pero todos se han equivocado. Al menos Bolívar se siente profundamente decepcionado. Y toda la admiración que sentía por Bonaparte, instaurador de la paz en la República, se convierte ahora en odio contra el Emperador Napoleón. A tal extremo, que el día de la mayor ceremonia, cuando se celebra la fiesta de la coronación, el embajador de España invita a Bolívar a formar parte del séquito, y Bolívar rehusa. Se encierra en su casa durante todo el día y no quiere ver ni enterarse de nada. "Yo le adoraba como el héroe de la República, como la brillante estrella de la gloria, el genio de la libertad. En el pasado yo no conocía nada que se le igualase, ni prometía el porvenir producir su semejante. Se hizo un tirano hipócrita, oprobio de la libertad y obstáculo al progreso de la civilización..."

¿Qué podrá hacer, entretanto, un joven como Bolívar en el tumultuoso y refinado París? No faltarán delicias que vengan a consolarle de sus contrariedades políticas. Y la mujer ha sido reputada siempre como fecunda inspiradora de consuelos. Precisamente le han introducido en el salón de una dama muy distinguida, que hace una brillante vida de sociedad y que resulta, para mayor ventura, un poco pariente de Bolívar. Se titula madame Dervieu de Villars, y de soltera se llamó Fanny Trobiaud y Aristeguieta. Gran temperamento. Hermosa e ilustrada, elegante y espiritual. Y fogosa. Y algo mayor que Bolívar en años, así como en toda suerte de experiencias eróticas y conocimientos mundanos. El ardiente y apasionado joven cae, pues, en los brazos cariñosos y no menos ardientes de la hermosa dama y el episodio dura algunos meses, con la intensidad erótica propia de dos temperamentos tan bien dotados.

Pero en este caso se observa también el fenómeno de la superioridad de la mujer para ciertos esfuerzos y actividades. Lo cierto es que a los diez meses de permanecer en París, Bolívar se encuentra con la salud arruinada. Es verdad que se ha entregado a la disipación con todo el exceso propio de su natural incontinencia y de la costumbre que ha seguido siempre de hacer

lo que le gusta, como niño mimado que es,
como vástago rico y voluntarioso de una noble
familia poderosa. Los parisienses le han visto
asistir a los salones donde se daban cita los
reputados hombres de ciencia, los literatos y
las mujeres espirituales; pero también le conocen las gentes turbias de los escenarios, el público de las salas donde se bebe y juega y ama
alegremente, las mujeres de placer, las bailarinas. Le conocen mucho los sastres más caros,
porque el dinero no descansa en el bolsillo del
joven americano y su necesidad de distinguirse
le obliga a montar los trenes más lujosos y a
vestir con una elegancia principesca. Con ha-
llarse París, en este apogeo napoleónico, habituado al derroche de las gentes de improvisada
fortuna, tiene que rendirse, asombrado, en presencia de este árbitro de la elegancia que "bota"
el dinero con una prodigalidad digna del caballero español que hay en él, complicada con una
voluptuosidad de criollo caprichoso y mal educado. Un sombrero masculino que por estos
días se ha estado usando mucho en París, ha
recibido el título reclamista de "Sombrero a lo
Bolívar", y del mismo modo se llamará a uno de
los aposentos del *Petit Trianon*, en Versalles,
"*Chambre* de Bolívar".

No podrá quejarse de la fortuna. Realmente
goza de una popularidad en el mundo galante
de París capaz de colmar los deseos del extran-

jero más ambicioso. Pero este brillante triunfo
no lo consigue de barato. Y no es el dinero que
dilapida lo que importa, sino el vicio de la exhi-
bición que está contrayendo. ¡Día de veras
grave el día ese en que un joven naturalmente
impresionable, imaginativo, halla que todas las
personas de la gran ciudad hablan de él, elo-
gian sus palabras y actitudes, imitan el color
de su capote o la forma de su sombrero! Desde
ese día de reconocido éxito ¿cómo habrá de re-
signarse a la anónima obscuridad? Desde entonces el demonio de la Vanidad ha hecho en él
presa y no lo dejará ya libre. Le ha tomado
el gusto a la celebridad, a la popularidad, y
siente con fuerza el íntimo e inconfesable frenesí de verse objeto único de las miradas y de
los comentarios de la gente. No puede substraerse a la sigilosa tentación. ¡Oh, la gloria!...
¡Qué bella y fascinante es la gloria! ¡Qué deli-
cioso y abrasador es ese vicio de la gloria que
ha contraído! ¡Pasar entre dos filas de *incro-
yables* y ver que los más distinguidos llevan,
por rendida imitación, "sombreros Bolívar"!
¡Saber que su nombre suena por todas partes,
con admiración o con envidia!...

Diez meses han transcurrido en una encan-
tadora sucesión de alegres locuras, y los éxitos
alcanzados hasta ahora en este ameno París
de la apoteosis napoleónica pasarían seguramente a ser mayores si el miedo a la bancarrota

fisiológica no viniera a perturbarle. Se siente débil y quebrantado. Y en este preciso momento es cuando el destino se encarga nuevamente de situar a su paso al hombre providencial: Simón Rodríguez, o sea aquel preceptor original y estrafalario que había conocido Bolívar en Caracas en los años de adolescencia. Ahora, en el extranjero, se hace llamar Samuel Róbinson, sencillamente.

El Emperador Napoleón es maestro en escenografía: conoce el alma de los hombres y sabe impresionarlos con oportunos golpes de efecto. En París se ha hecho coronar como Monarca de los franceses, y ahora se dispone a ceñirse en Milán la corona de hierro de los Reyes lombardos. Habrá lucidos desfiles de tropas e imponentes paradas de uniformados personajes. Una gran fiesta para los turistas de Europa. Y hacia allá se dirigen también nuestros dos turistas filosóficos, el extraño preceptor Rodríguez y el joven y ocioso caballero Bolívar.

Tratándose de Rodríguez siempre se puede esperar que las acciones tomen un giro pintoresco. En efecto, salen de Lyon andando por la carretera, anticipándose a todos los *globe trotter* que más tarde han de aparecer por el mundo, y a pie atraviesan los Alpes y descienden a las risueñas llanuras de la Lombardía. Con un maletín solamente a la mano, con los utensillos de primera necesidad. Y haciéndose seguir por el voluminoso equipaje que corresponde a viajero tan exigente como el rico hacendado del valle de Aragua.

Rousseau está en la conciencia de toda persona culta de la época. ¡Y es tan entretenido el poder practicar las lecciones de los filósofos queridos, sobre todo cuando se tienen buenas cuentas corrientes en las casas de los principales banqueros! La vuelta a la Naturaleza es un proyecto del original preceptor que el impresionable caballerito acepta sin el menor titubeo. Resiste a la fatiga, marcha ágil y ligero a la sombra de las montañas o por los angostos barrancos, y ni le asustan las soledades de los ventisqueros ni el paso dudoso al borde de los precipicios. Entonces se revela en Bolívar el animoso y resistente hombre de acción que con el tiempo habrá de admirar el mundo.

El preceptor no desaprovecha entretanto el tiempo, y siempre que salta la ocasión procura verter en el alma del discípulo las ideas que para él han tomado ya la forma de una monomanía. ¿Por qué han de sufrir más tiempo las provincias de América bajo el despotismo del Rey de España? ¿Y no ha de haber un corazón generoso que arrostre la insigne resolución de libertar a la América? ¿Hasta cuándo tenemos que soportar esta infame servidumbre los americanos? ¡Ah! ¡Si hubiese un adalid arriesgado y virtuoso que se pusiera al frente de los pueblos por fin rebelados!...

Otras veces hablan de las doctrinas de Montesquieu y de las ideas políticoeconómicas de los autores ingleses a la moda. O ensaya el preceptor Rodríguez audaces correrías a través de la historia de Roma, se entiende de los convencionales fastos de la Roma republicana que, por el momento, acepta la gente como auténticos. Una Roma falsa y elocuente, teatral y retórica, pero que gusta extraordinariamente a todo el mundo ilustrado. David, el grandioso pintor David, el de los guerreros de cascos brillantes, los senadores de majestuosas togas, las matronas de solemnes actitudes, es el verídico representante de esta admiración romana que posee al mundo.

Y así llegan a Milán. En la llanura de Montesquiaro, cerca de Castiglione, el Emperador ha reunido a su ejército de Italia. El trono de Napoleón ha sido colocado sobre una pequeña altura, en medio de la extensa planicie, para desde allí abarcar mejor el desfile imponente del ejército, desplegado en grandes columnas. Precisamente al pie de la eminencia donde está Napoleón han logrado situarse nuestros viajeros. Bolívar no atiende apenas al magnífico espectáculo marcial que se desarrolla en la llanura; toda su atención, todas las potencias de su alma emocionada las dirige hacia la persona culminante, única, del Emperador. No acierta a separar la vista de aquel hombre pequeño y, sin embargo, tan majestuoso. Aquel hombre de figura que sería insignificante si no atrajese en una forma por nadie nunca igualada la expectación, el miedo, el entusiasmo o la envidia del mundo entero. Le observa en su menores ademanes, y se ha fijado en que viste con una singular sencillez, llevando únicamente las charreteras, un sombrero sin galón y una casaca sin ornamento alguno, mientras su Estado Mayor relumbra de oro, se empenacha de plumas en uniformes de ostentosa brillantez. Esto es lo que le impresiona. Si él, Bolívar, pudiera alcanzar semejante poderío, semejante celebridad y dominio sobre las entusiastas muchedumbres, así le gustaría presentarse, como Napoleón, simple por el vestido y grande por el genio. Así concibe él la gloria... Y esta idea de la gloria llena su alma como nunca, como una impaciente tentación que le mantiene absorto, pálido, casi sombrío a fuerza de intensidad obsesionante en la melancolía.

De pronto ha murmurado el preceptor a la oreja del discípulo:

—¿No ves cómo el Emperador dirige hacia nosotros la puntería de su anteojo de campaña? Nos mira con insistencia, y es seguro que le extraña nuestro aspecto de extranjeros. Acaso nos ha tomado por espías. Será mejor que nos retiremos...

Ha pasado algún tiempo, y Rodríguez y Bolívar se encuentran ahora en Roma. Un día, Rodríguez ha arrastrado a su joven y aristócrata camarada a la cumbre de la colina del Aventino. Nuevamente se reproducen en sus ánimos las evocaciones retóricas de la Roma republicana, pasando revista a los personajes famosos, desde Catón hasta Bruto, y el obstinado Rodríguez procura conmover a su impresionable amigo con un discurso patético de la más pura escuela libertaria. La ciudad memorable se extiende a sus plantas, embellecida por el excepcional prestigio de tantos insignes monumentos, de tantas memorias de grandeza. Las cúpulas y los campanarios católicos, las cruces dominantes y el son del bronce místico en la dorada luz del día ocultan e inutilizan los recuerdos de la Roma republicana; pero ellos no ven ni sienten sino a través de sus lecturas y sólo quieren pensar en el heroísmo, en la libertad de los pueblos y en la gloria de un futuro grandioso. ¡Mágicas palabras! ¡Qué bien las entiende el alma inflamable de Bolívar, ese enamorado de la gloria!

Por eso no titubea cuando Samuel Róbinson, ahuecando la voz y con los brazos en alto, le pide el sagrado juramento de que en adelante consagrará su vida a conquistar la independencia de su patria.

El joven aristócrata, desnuda la frente y
ahuecando también la voz en tono tribunicio,
extiende los brazos sobre la majestad de Roma
y prorrumpe:

—¡Sí, juro!...

V

LA REVOLUCIÓN

En 1808, Napoleón mete sus tropas en España, cautiva a la familia Real e instala a su hermano José en el trono de Isabel la Católica. La transgresión de poderes se ha realizado con brusca violencia, y España, en el sentido normal y natural de nación legítimamente constituída, queda como desplomada. Ahora se verá el fenómeno más interesante que un pueblo puede ofrecer. Se verá el espectáculo de una nación que ha sido suprimida y que mantiene, sin embargo, toda su estructura integral en pie. Y se verá otro espectáculo no menos curioso: las provincias de América, no obstante el derrumbamiento de la unidad nacional, no obstante la cautividad y el destronamiento de los Monarcas legítimos, y que la Península entera cae en la anarquía o la perplejidad, todas esas provincias de la enorme América seguirán fieles a un Rey y a una autoridad y a una nación que positivamente no existen.

Y no será porque en las distintas partes de América falten espíritus que alimenten el sueño de la emancipación. Durante el último tercio del siglo XVIII las ideas de libertad han hecho su camino entre los americanos cultos. Todas las lecturas del tiempo han venido impregnadas de ese espíritu, y los ejemplos de la independencia de los Estados Unidos y de la Revolución francesa han agravado la doctrina de la rebelión. La "patria" es una palabra que en estos últimos tiempos se ha difundido con un extraño acento entre los hombres. Antes no se acostumbraba hablar de la patria; había el Rey, y bastaba. Pero los republicanos franceses, llenos de evocaciones romanas, han impuesto la palabra nueva. Los americanos cultos han aprendido también a nombrar y a darle un sentido fervoroso, sagrado, a la patria. Además, todo el siglo XVIII se puede decir que está empeñado en la labor de desprestigiar a España, ya se trate de puritanos ingleses o de enciclopedistas franceses. En los libros y en las gacetas que circulan por el mundo y que llegan, naturalmente, a todos los rincones de América, siempre hay una disertación, una alusión, algo que se dedique a demostrar que la historia del progreso humano ha sido hecha sin la más pequeña colaboración española, y que España es la nación fanática, supersticiosa y débil que conviene descartar para todos los planes del futuro.

Pero la época, por más que se envanezca de sus luces y del predominio de la razón, no puede comprender la profundidad de las fuerzas que residen en las cosas. El más grande de los equivocados será ese poderosísimo Napoleón, que creía exacto cuanto le decía la literatura del tiempo, que daba a España por moribunda, y ha tropezado, al revés, con un pueblo enormemente vital. La especie de religiosidad con que América acepta el imperio de España, y principalmente la autoridad de la Monarquía española, se ha de ver ahora que ni España ni el Rey existen. Como si la implantación de la Monarquía napoleónica en España no hubiera sucedido, y como si España continuase siendo un Estado normal, en América siguen mandando las autoridades españolas como antes, los Virreyes y capitanes generales permanecen en sus puestos, y todo, en fin, conserva su organización anterior. Y es, sin embargo, cuando España no podría sostener su autoridad en América por la fuerza, porque no dispone de soldados ni de dinero para enviar.

Es el momento que podrían aprovechar para rebelarse los pueblos esclavizados. Las muchedumbres que gimen bajo el despotismo español, los infelices indios maltratados o diezmados, ahora les llega el momento vindicativo. Con facili-

dad pueden vengar ahora los agravios que, según
la literatura al uso, ha cometido durante tres
siglos la tiranía española sobre los infelices pueblos americanos. Pero no sucede nada de esto.
Cuando estallen todas las insurrecciones, después de las largas guerras de independencia, los
indios, por ejemplo, conservarán incólume la especie de misticismo con que se representan la
figura de España. Es decir, verán a Fernando VII como la única y legítima autoridad que
recibe su poder del propio Dios; una persona
lejana, alta, pura, capaz como ninguna otra de
ejercer la justicia con arreglo a una verdadera
integridad divina. Y los mestizos, los pardos, las
gentes del pueblo en general, se pondrán desde
el primer momento de parte de la autoridad española.

Las ideas de emancipación patria sólo llegan a
los espíritus cultivados. Grandes hacendados, los
nobles y los ricos de la colonia, los doctores, los
frailes y los eclesiásticos: estos son los que ali-
mentan las teorías y los anhelos de libertad. Estos son los que sueñan con la creación de una
patria libre. No se trata, pues, de romper unas
cadenas bárbaras, de rechazar una crueldad ho-
rrorosa, de redimir a un pueblo que gime bajo
la planta de un feroz tirano. La dominación española podrá carecer de ciertas habilidades prácticas, pero no puede decirse que sea cruel y ex-
poliadora. El verdadero pueblo lo demostrará

con su adhesión al Rey. Y al empezar el siglo, nadie osará negar este hecho palpable: en el extenso imperio español de América reina una absoluta normalidad, y el trabajo y la vida usual de los pueblos se desenvuelven en perfecta paz y en un régimen de gobierno fuertemente constituído y respetado por todos.

Esto quedará bien comprobado cuando el general Miranda, después de una vida de pintorescas y gloriosas aventuras por Europa, después de haber llegado a capitanear ejércitos durante las campañas de la Revolución francesa, logre, por último, organizar una expedición libertadora. Es el gran precursor de la emancipación americana. Se ha pasado la vida soñando con la libertad e independencia de su patria, conspirando en todas partes, creando en Londres una logia masónica para americanos partidarios de la emancipación. Los políticos ingleses no acaban de decidirse a prestarle apoyo y recursos. Entonces busca en los Estados Unidos el sistema norteamericano de la empresa revolucionaria de fondo industrial. Queda organizada la empresa como un negocio, a repartirse las ganancias equitativamente, mientras 200 voluntarios de todas las clases y nacionalidades embarcan con rumbo a Venezuela. Ya han pisado tierra en la costa de Ocumare. Ya está lanzado el grito de emancipación. ¿Qué hay que aguardar ahora? El pueblo oprimido acudirá pronto a la valerosa llamada, y numerosos y entusiastas batallones vendrán a engrosar el cuerpo de expedicionarios. No es otra la convicción que alimenta el general Miranda. Pero los hechos ocurren de muy diferente modo; es decir, que el pueblo de Venezuela no responde a la llamada de los libertadores, y los criollos ricos y poderosos, sin duda porque están acostumbrados a mandar y a dirigir las iniciativas que sólo de ellos mismos provienen, en vez de secundar al general Miranda se ponen al lado de la autoridad española.

La autoridad española estaba prevenida y ha destacado dos bergantines de guerra contra los filibusteros. Dos de los barcos, el *Bee* y el *Bacchus,* han podido ser apresados con 60 prisioneros; los demás, con el general Miranda al frente, consiguen fugarse. Estamos en abril de 1806. Más tarde, en agosto, Miranda repite la tentativa y puede desembarcar en Coro. Pero tampoco esta vez le responde el país; nadie le secunda; y cuando el capitán general Vasconcelos sale con gente armada, ya no es preciso, porque Miranda ha vuelto a embarcarse, y ahora definitivamente. Ha vuelto a Londres a esperar tiempos más afortunados.

No sólo nadie le secunda, sino que recibe las protestas más indignadas de sus compatriotas venezolanos. El Ayuntamiento de Caracas proclama su absoluta fidelidad al Rey, consignada en acta de 5 de mayo, en la que asegura: "Que nadie había llamado a Miranda y nadie era capaz de hacerlo; que nadie trataba de sacudir el yugo de la obediencia a su Rey, en que ha cifrado y cifra su mayor gloria el pueblo de Venezuela, y que agraviados estaban con un borrón que sólo debe vengarlo y satisfacerlo la destrucción y total ruina de un reo tan inicuo y de todos sus aliados, como único medio y el más a propósito para expiar unos delitos tan enormes y en cuya memoria la posteridad tenga un monumento que sirva de antemural a cualquier otro." Y en la sesión del día 9 se acuerda poner precio a la cabeza de Miranda en 30.000 pesos. Abierta subscripción pública, se recaudan 19.850 pesos, que se envían como donativo al Gobierno de España en vista de que el reo se ha puesto fuera de alcance.

Del mismo modo, con semejante fidelidad a la autoridad de España, responderán los argentinos al intento de invasión de los ingleses, armando batallones de criollos que luchen junto con los batallones de voluntarios peninsulares, rechazando por dos veces al poderoso ejército inglés en victoriosas jornadas.

Sin embargo, la ocupación de España por las tropas napoleónicas ha cambiado la faz de la política y precipita por fin los acontecimientos. La perplejidad e incertidumbre en que viven las provincias de América se va convirtiendo en nervioso malestar. Venezuela, como las demás pro-

vincias, obedece las órdenes de la Junta Central,
que representa a la legítima Monarquía española
frente al Poder intruso. Pero en Venezuela abundan acaso más que en ningún otro sitio de América los partidarios de la libertad, y se mueven
y conspiran también con mayor agitación. No
saben tal vez lo que quieren de una manera clara, o no se atreven aún a definir sus aspiraciones. Hablan de autonomía, de un Gobierno local
que obre por sí bajo la autoridad suprema de
Fernando VII; los más atrevidos sostienen la
necesidad de una completa independencia. Entre estos exaltados se encuentra Bolívar.

Una vez, en la tertulia del capitán general,
Simón Bolívar ha llegado a confesarse partida-
rio de la libertad de su patria. Como de costumbre, el joven aristócrata se deja llevar por sus
impulsos, y es que su elevada posición social y su
carácter vehemente, amigo de distinguirse, junto con su natural simpatía, le consienten tales
excesos de palabra. El capitán general, D. Vicente Emparan, es un hombre poco enérgico, de
carácter ambiguo, y hasta se sospecha que sea
un *afrancesado*. Desde luego se halla dentro de
la corriente de las nuevas ideas. Distingue a
Bolívar con su amistad, y es claro que no toma
en cuenta los ex abruptos que a veces lanza el
indiscreto mozo. Seguramente no es Emparan
el gobernador que hubiera necesitado tener Es-

paña en Caracas para dominar los graves, los decisivos acontecimientos que se avecinan.

Ya por el mes de marzo de 1810 ha sido denunciada al capitán general una conspiración en la que forman buen número de personajes caraqueños. Todos ellos son amigos particulares del gobernador. Y éste, procediendo con su habitual negligencia, se limita a confinar a algunos de los conjurados a Aragua y Valencia. En esto, hacia el 17 de abril, ha llegado a Caracas la noticia de la ocupación de Andalucía por el ejército francés, con la huída y disolución de la Junta Central del Reino. Entonces los conjurados se apresuran a aprovechar las circunstancias. Empiezan por desatender a los dos comisionados españoles que el Consejo de Regencia refugiado en la isla de León envía a Caracas, y en la noche del 18 al 19 disponen las cosas de modo irremediable. A las siete de la mañana ya están todos en el Cabildo o convenientemente diseminados por la plaza Mayor. Es día de Jueves Santo. Dos regidores salen en busca del capitán general y le invitan a presidir inmediamente una sesión extraordinaria del Cabildo abierto. El capitán general asiente, y a las ocho penetra en la sala capitular.

Bien; pero los principales de Caracas no poseen todavía la técnica revolucionaria. Con la mayor solemnidad, pero en el fondo con un tímido respeto, exponen al gobernador los motivos

graves por que se congrega el Ayuntamiento:
la necesidad de organizar un Gobierno provisio-
nal que vele por los intereses del país a nombre
del Rey Fernando. A lo cual replica Emparan
que ya existe un Poder legítimo, el del Consejo
de Regencia, sucesor de la Junta Central, y que
lo más prudente en este crítico caso será aguardar las nuevas noticias de España y contribuir
todos al apaciguamiento de los espíritus. Y el
capitán general levanta la sesión, sale y se encamina a la catedral a cumplir los oficios del día.
Todo parece terminado; mejor dicho, fracasado.

El gobernador llega casi a la puerta del tem-
plo, cuando D. Francisco Salias, uno de los más
despechados por el pacífico fin de la sesión, sale
tras él, lo alcanza y ase del brazo, y hay quien
dice que poniéndole la punta de un puñal al
pecho le intima a volver a la sala del Cabildo.
La guardia está tendida en la carrera, con sus
armas y sus sargentos. Pero los soldados son
milicianos del batallón de Aragua, y el capitán
que los manda, D. Luis Ponte, es uno de los comprometidos. El general Emparan, incapaz de
cualquier movimiento de audacia, no opone resistencia y vuelve a la sala del Ayuntamiento.

¿Qué quieren esas gentes? Por primera vez
se ven en la sala personas que asumen títulos y
representaciones de dudoso sentido: diputados
del clero, diputados del pueblo, diputados del
gremio de los pardos. ¿Se pretende, pues, re-

producir los sucesos que abrieron la era de la
Revolución en Francia? Todo, en efecto, tiene
el aire de estar organizándose una revolución.
Hay unos que proponen el establecimiento de una
Junta Suprema, presidida por Emparan. Sería
una medida de conciliación. Y ya están redac-
tando el acta correspondiente, cuando del grupo
de los radicales se destaca el canónigo D. José
Cortés de Madariaga, originario de Chile, quien
acaloradamente arenga a la asamblea y acusa a
Emparan de pérfido y engañoso. Dice que una
Junta presidida por semejante hombre no ofre-
cería confianza alguna. Por consecuencia, ¡que
se acuerde la destitución inmediata del gobernador en nombre del clero y del pueblo!

Emparan se asoma al balcón; contempla en la
plaza a la multitud rumorosa y recurre, sintiéndose perdido, al último medio. "¿No estáis satisfechos del gobierno y la vigilancia de vuestro
capitán general?..." El canónigo Cortés de Madariaga, a espaldas del gobernador, hace ademanes negativos que en seguida interpreta desde
la plaza D. Santiago Villareal. "¡No, no!", grita
el doctor Villareal. Y la multitud rompe a gritar:
"¡No, no!"... El capitán general queda depues-
to, y en breve plazo será embarcado para los
Estados Unidos. Ha sido proclamada la revolución en la América española.

VI

DESASTROSO FIN DEL PRECURSOR

La Junta Suprema constituída en Caracas tiene interés en atraerse a un miembro de una familia tan ilustre. Ha ascendido a coronel de Infantería a Simón Bolívar y le encomienda por lo pronto una misión diplomática de mucha importancia: negociar en Londres la adhesión y la ayuda del Gobierno británico. Le acompañan Don Luis López Méndez y el literato Andrés Bello, persona pacífica y vacilante que hará de secretario de la comisión.

Y así es como empieza Bolívar a actuar en la vida pública, lleno de entusiasmo y orgullo por el cargo que ostenta y sintiendo desde ahora la emoción de una responsabilidad trascendente. Ha sido embarcado en la nave del azar, y ya nunca, desde ahora, le consentirá el destino refugiarse en la inacción de las playas seguras. Pero es joven, galante, risueño, y la vida en Londres no carece de atractivos. En cambio, su actividad

diplomática aparece llena de decepciones. El
marqués de Wellesley, ministro de Estado de Su
Majestad británica, no hace más que dar largas
al asunto, entreteniendo hábilmente a los comisionados venezolanos.

Entonces usa Bolívar sus aptitudes diplomá-
ticas en otra empresa. El general Miranda se
encuentra en Londres, y Bolívar estima que
hombre tan famoso y experimentado debería
ser incorporado a la causa de la revolución. Le
habla, en efecto, con la elocuencia y fuerza per-
suasiva que son habituales en él, y no le cuesta
mucho trabajo convencer a un espíritu que se
ha pasado su ya larga vida en un constante
ensueño de república y de independencia. Como
reciprocidad de concesiones, Miranda hace que
Bolívar ingrese en la logia masónica que para
uso de americanos libertarios ha establecido en
Londres. La trama masónica le entusiasma al
viejo conspirador Miranda, tanto como disgusta
al joven revolucionario Bolívar. En Miranda hay
sangre de burgués y en Bolívar de aristócrata.
El primero es ante todo un intelectual, mientras
el segundo viene señalado por el destino para
el único papel que en la vida de relación puede
interesarle: el mando. El general Miranda conoce toda la enorme fuerza de la masonería; ha
experimentado prácticamente y personalmente
todos los beneficios que proporciona esa fuerza
secreta y universal cuyo poder llega a las per-

sonas más influyentes; durante mucho tiempo, todo lo que en el orden político suceda en Europa y América recibirá la inspiración de la masonería, tal como anteriormente todos los movimientos importantes de la sociedad venían intervenidos por el jesuitismo.

Más tarde, al recordar estos tiempos de iniciación, Simón Bolívar hablará de la masonería con un piadoso desprecio. Dirá que en las logias ha solido encontrar algunos hombres de mérito, bastantes fanáticos, muchos embusteros y muchos más tontos burlados; que todos los masones se asemejan a unos niños grandes jugando con señas, morisquetas, palabras hebraicas, cintas y cordones; que, sin embargo, la política y los intrigantes pueden sacar partido de esa sociedad secreta.

Y el general Miranda ha sabido sacárselo. Y es que el general Miranda, que suele hablar de Maquiavelo con la indignación peculiar a una inteligencia del siglo XVIII, acepta como buenos todos los recursos, vengan de donde quieran, con tal que sean útiles, ni más ni menos que como pensaría un puro florentino del Renacimiento. Por ejemplo, no titubeó una vez en concertarse con los jesuítas para la empresa de apartar a América del dominio de España. Porque los jesuítas, que tan inmenso poder habían logrado reunir en los dominios americanos, no perdonan a España su expulsión, ni pierden la esperanza de recuperar lo que perdieron, aunque fuese por el camino de la independencia de América. En 1797, el general Miranda había concertado una formal convención en 17 artículos con los jesuítas expulsados José del Pozo y Sucre, peruano, y Manuel José de Salas, chileno, que se titulaban delegados de las colonias. En este documento se comprometían a proclamar la independencia de América con el auxilio financiero de Inglaterra (treinta millones de libras esterlinas), veinte barcos de guerra, diez mil hombres de tropa, más la alianza de los Estados Unidos. Fracasó el plan, como tantos otros de parecida especie.

Ahora, en cambio, es cuando va de veras. Y la gracia del empeño está en que no hace falta recurrir al apoyo inglés: se cuenta solamente con las fuerzas naturales y propias del país alzado en armas. Miranda y Bolívar se presentan, pues, en Caracas animados por el más ardiente ideal patriótico. Pero algo profundamente fatal los separa: la edad. Miranda tiene cincuenta y cuatro años, Bolívar sólo veintiséis. Si uno está largamente trabajado por la vida, por los desengaños, por el escepticismo, el otro no conoce aún más que los placeres, las vanidades cumplidas y las ilusiones, que no han tenido tiempo de malograrse. ¿Quién de los dos gana al otro en el amor a la vanagloria? Por lo pronto, el general Miranda se ha mandado hacer una obra explicativa, grande y voluminosa, farragosa y petulante, en la cual se cuentan sus hazañas desde que asistió como coronel del ejército español en la guerra de la independencia de los Estados Unidos, sus tratos con los más poderosos personajes europeos, sus campañas de la Revolución francesa, las cartas y los elogios de los grandes hombres sus amigos. SOUTH AMERICAN EMANCIPATION: *documents historical and explanatory, shewing the desings wich have been in progress and the exertions made by general Miranda for tre attainment of that object during the last twent-five, by J. M. Antepara, London, 1810.* Bolívar no puede presentar nada que se parezca a esto.

Tampoco puede Bolívar competir con Miranda en el arte de la organización revolucionaria. El general Miranda no ha hecho otra cosa en su vida, y, sobre todo, ha tenido que actuar directa y peligrosamente en las tormentas de la Convención, en pleno 93, y arrostrar las maquinaciones y la prisión de sus amigos los girondinos. De manera que en seguida ha fundado en Caracas una Sociedad Patriótica, que atrae y compromete a los más fogosos ciudadanos. Así, Miranda, por este sistema del Club patriótico, se hace dueño de la mejor arma. Así podrá dirigir la revolución venezolana por el camino que a él le convenga; por el del radicalismo extremo, hasta llegar a la proclamación de la independencia. Y pronunciando en el Club atrevidas arengas, es fácil convertirse en demagogo, y un demagogo acaba por imponer miedo o respeto a la autoridad constituída. Pues el general Miranda, a quien la Junta de Caracas ha hecho hasta ahora muy poco aprecio como general, lo que desea es que pongan en sus manos la dirección de los ejércitos patriotas.

¡Pobres ejércitos! Unas turbas de mestizos y de esclavos negros que el marqués de Toro no conduce a ninguna parte. Entonces la Junta recurre a Miranda. Y el antiguo teniente coronel del ejército de España, que ha conocido la disciplina rigurosa de los regimientos regulares y la dificultad con que se ganan los grados, se ve delante de unas masas de reclutas improvisados y de unos coroneles que ignoran las más elementales prácticas de la guerra. Y el caso es que Miranda carece de aquel genio, de aquella inspiración creadora que sabe suplir los obstáculos que opone la naturaleza y sacar partido de los más pobres recursos. La edad no le ha prestado sabiduría, y en cambio le resta fogosidad e impetuosa decisión. No es difícil adivinar su fracaso guerrero antes de que salga a campaña.

En el arte de la conspiración es en el que se muestra tan entendido y eficaz como siempre. Es porque tiene metido en lo profundo del ser la rigidez doctrinaria del revolucionario y el fanatismo de la independencia. En Caracas abundan los hombres vacilantes que se asustan de las determinaciones extremas y quisieran prolongar indefinidamente esa situación ambigua que habla de un Gobierno local autónomo sumiso a la autoridad, aunque formal y remota, del Rey D. Fernando. Miranda se encargará de empujar los sucesos hacia resultados irreparables. En efecto, prevalido de su ascendiente en el Club y de su fuerza doctrinaria, poniendo en acción su fanatismo radical, consigue que el Congreso venezolano, formado por cuarenta y cuatro miembros, proclame la independencia de Venezuela el 5 de julio de 1811. Ya está. Se ha pasado el Rubicón resueltamente. Desde ahora no puede haber subterfugios ni ambigüedades abogadiles. Los españoles y los criollos que son partidarios del régimen español sabrán en adelante a qué atenerse. Y estalla, efectivamente, la guerra terrible entre los dos bandos.

Es también el momento en que se hace pública la divergencia, sería más propio llamarle hostilidad, entre Miranda y Bolívar. Lo cierto es que al ir a mover sus tropas contra la ciudad de Valencia, donde el partido español se ha hecho fuerte, el general Miranda se niega a recibir en su ejército a Simón Bolívar, porque —dice— "lo juzgan un joven peligroso..."

¿En qué instante funesto de sus relaciones personales ha podido nacer esta discrepancia? ¿Cuándo surgió por primera vez este resentimiento que está enconando a dos caracteres de rasgos tan acusados? Pero la historia de las antipatías personales suele substraerse a la más exquisita inquisición, porque pertenece al reino de lo psicológico imponderable. La naturaleza pone en contacto a dos seres de pronunciada personalidad, que persiguen fines semejantes y que necesitan desenvolverse en un mismo campo de acción; pronto se está seguro de que no han de terminar juntos y acordes su camino. Los motivos no se harán esperar. Y aunque uno y otro pretendan esquivarlos, los motivos de contrariedad volverán, multiplicados, constantemente. Será en la sorpresa desagradable que le produce al joven la vanidad absorbente del viejo; en la manera cómo el joven ha replicado a las arrogancias que cuenta el viejo, en las horas de tertulia de alta mar; en el gesto de displicencia que acaso ha hecho el joven cuando el viejo ha querido mantener una opinión autoritariamente, alegando sus talentos, sus títulos y su experiencia. Los celos, en casos así, adquieren pronto un resalte imposible de disimular. El viejo siente celos del joven por las brillantes cualidades que lo adornan, por el aristocrático prestigio que trasciende, y, en último caso, por los fueros de su juventud poderosa. En cuanto a Bolívar, llena el alma de ambición y creyéndose el destinado a consumar las trascendentes acciones que reclama la hora, considera a Miranda como una especie de intruso que no consiente a su lado personalidades destacadas. Junto a Miranda está seguro de que no logrará llevar a cabo ninguna iniciativa. Se siente aplastado por la gloria, por la vanidad y por el autoritario egotismo del general.

El marqués de Toro tiene que resolver el conflicto llevándose a Bolívar, como ayudante suyo, a la guerra de Valencia. Más de mil bajas le ha costado al ejército republicano la conquista de la ciudad. Pero si el general Miranda no da sobresalientes pruebas como militar, en cambio se desquita como agitador político. Se ha entregado en cuerpo y alma a las luchas de los nacientes partidos, a los discursos en las asambleas, a las arengas en las plazas, a las intrigas y las confabulaciones. El antiguo girondino está siempre latente en él. El aventurero. El que convierte la vida entera en política y toma la política, además, como una novela emocionante. Sólo se resigna a dejar esta labor de intriga y peroración cuando le anuncian la presencia de una tropa española en la región del Orinoco. Sale a combatir, y nuevamente da muestras de tener mucha mejor voluntad que verdadera eficacia estratégica.

¿Qué hace, mientras tanto, Bolívar en el castillo de Puerto Cabello? Le han encomendado la custodia de plaza tan principal, y todo hubiera ido bien, sin duda, si los prisioneros españoles que hay encerrados en la fortaleza no aciertan a sublevarse repentinamente. Gracias a que Bolívar puede escapar. Vencido sin gloria, fracasado como gobernador de una plaza fuerte tan importante, Bolívar llega a la Guayra con el ánimo completamente caído. Pronto aparecerá en la Guayra el general Miranda, vencido también y desalentado, con solo el deseo y la esperanza de poder salvar la vida en la emigración. Los dos hombres se miran con esa larga e inexpresable mirada que suele esconder el secreto dramático de dos almas a las que un común destino une y al mismo tiempo divide inexorablemente.

¿Qué ha podido suceder para que la obra triunfal de Venezuela se desmorone tan bruscamente? Pero estos cambios bruscos había que aguardarlos en un país donde todo se está fiando a la improvisación y donde todo nace como al calor de la quimera. Ha sido suficiente que un militar auténtico, un oficial de la Marina de guerra, el capitán de fragata D. Domingo de Monteverde, desembarque en Coro con una compañía de Marina que ha sacado de Puerto Rico para que el sesgo de la campaña cambie completamente. En Coro se le han agregado algunas fuerzas, y con una tropa que no llega a 500 hombres sale contra el enemigo. En el lugar de Siquisique se le ha unido el indio Juan de los Reyes Vargas al frente de una avanzada del ejército republicano. La traición del jefe indio refuerza la posición de Monteverde, que toma en seguida a Carora y avanza sobre Barquisimeto y San Carlos.

Hasta el cielo trabaja contra los revolucionarios. El día 26 de marzo, a las cuatro y siete minutos del Jueves Santo (precisamente en el día del aniversario de la Revolución), un espantoso terremoto sacude a Caracas. La gente llena los templos con motivo de la sagrada festividad. Se derrumban las iglesias de la Pastora, Altagracia, San Mauricio, la Merced, Santo Domingo y la Trinidad, y quedan muertas entre los escombros 4.000 personas. En toda la ciudad perecen cerca de 10.000, además de los innumerables heridos. Y son destruídas o duramente castigadas por el cataclismo las poblaciones de Barquisimeto, la Guayra, San Felipe, el Tocuyo, Mérida. Es decir, los lugares en que se reconcentran los revolucionarios. ¿Cómo no habían de aprovechar los realistas este suceso para interpretarlo como un aviso y un castigo de la Providencia, que se muestra indignada por la impía rebelión de unos súbditos perversos? Las hogueras se mantienen varios días encendidas para quemar los cadáveres, mientras las gentes vagan poseídas de espanto y vertiendo lágrimas. Algunos frailes predican en las plazas y exhortan a la muchedumbre al arrepentimiento de sus culpas. Hay personas, en efecto, que en alta voz hacen confesión pública de sus pecados. "Este, manifiesta algún pecador, es el azote de un Dios

irritado contra los novadores que han desconoci-
do al más virtuoso de los Monarcas, Fernando VII, el ungido del Señor..." Y se cuenta que
Bolívar, que está mezclado en el público, arre-
batadamente y en mangas de camisa, con la espada desnuda en la mano, trepa al montón de
ruinas que sirve de púlpito al fraile, y grita:
"¡Si la Naturaleza se opone, lucharemos contra
ella y haremos que nos obedezca!"

Al abatimiento que en la población de Venezuela origina el terremoto se agregan las deserciones de varios jefes indios, las luchas intesti-
nas entre los políticos y la desgraciada táctica
del general Miranda. Este ha sido nombrado
dictador, con atribuciones supremas, pero se
muestra vacilante frente al enemigo y torpe en
cuantos movimientos intenta. Sus mismos oficiales murmuran de él. No tiene confianza en el
valor y la disciplina de sus soldados de color. Al
último, perseguido por Monteverde en la región
del Aragua, capitula en San Mateo y entrega su
ejército de 4.000 hombres. Y sale escapado a la
Guayra.

Aquí se reúnen todos. Es la hora de la puesta
del sol. ¡Triste ocaso del día y de las gloriosas
esperanzas! La obra de la independencia de Venezuela se ha desmoronado miserablemente, y
como epílogo de tan infeliz empresa, un navío
inglés espera en la rada la señal de partir con
rumbo al destierro. El general Miranda se ha

hospedado en casa de su amigo el coronel Manuel María de las Casas, comandante militar de la plaza. Está con él el jefe político, doctor Miguel Peña, y los coroneles Simón Bolívar, Juan Paz del Castillo, José Mires, Manuel Cortés, con algunos oficiales más. Todos son amigos personales y subordinados de confianza del general. Y todos pueden fácilmente observar en Miranda una inquietud y una preocupación sombría que se evade a todo disimulo. Sería, por otra parte, inútil el pretender disimular, porque la grandeza del fracaso es demasiado ostensible y trascendente.

Cuando el capitán de la nave inglesa viene a decir a Miranda que se embarque para poder salir al romper el día aprovechando el viento de tierra que a esa hora se levanta, el general sin fortuna se halla dispuesto a acceder. Pero sus amigos protestan. ¿Para qué tienen que precipitarse? La brisa de tierra no se levanta al alba, sino bien entrada la mañana. Ellos ahora cenarán tranquilamente, como buenos amigos, y Miranda dormirá seguro en la habitación que el gobernador Casas le ha preparado.

Y es que Miranda, que se ha pasado la vida en pleno complot, ha caído en una red que le tienden sus propios amigos y compatriotas. De esta confabulación no podrá salvarse. En esta noche cálida y profunda está corriendo su aventura final. Sus amigos le acusan de traición, y

el destino quiere que perezca a manos de trai-
dores. Le acusan de haberse rendido a Monteverde para salvar la vida y para cobrar una
fuerte suma de dinero por su inexcusable capitulación. Tiene ya su equipaje en el navío inglés,
pero su persona se quedará en tierra. Y es el
propio Bolívar quien se encargará de invadir la
alcoba donde duerme el general Miranda, puesto
que previamente se le había quitado a la puerta
la aldaba y el cerrojo para que el infortunado
huésped no pudiera cerrar por dentro. Será Bolívar quien penetre, callando, y arrebate al dur-
miente las pistolas y la espada. Luego entrará
de nuevo cuando está rompiendo el día, y en voz
alta le mandará entregarse prisionero. Miranda
mirará en torno, buscará en vano sus armas,
comprenderá... Todo está consumado.

Sus propios compañeros de armas lo encie-
rran, por traidor, en la fortaleza. Y Bolívar, el
más impaciente de todos, se empeña en fusilar
al traidor cuanto antes. Hasta que acude Monteverde, se apodera de la Guayra, dispersa a los
oficiales patriotas y se hace cargo del general
Miranda. El anciano aventurero sin ventura,
cargado de cadenas, morirá obscuramente en la
prisión de la Carraca en julio de 1816.

VII

EL HEROE EN ACCIÓN

Todo se ha perdido, menos el honor, naturalmente. A Bolívar no le queda en el alma una esperanza ni una onza de oro en el bolsillo. Y gracias que puede salvar la vida. Cuando en Caracas ha caído en las manos de Monteverde, le sale un fiador leal que aboga por él con toda la honrada firmeza del español íntegro. Es don Francisco de Iturbe, muy amigo de la familia Bolívar y a quien Monteverde respeta mucho. Dice Iturbe: "Este es D. Simón Bolívar, por quien ofrezco mi garantía personal. Si tiene que sufrir alguna pena, yo estoy dispuesto a sufrirla por él." Y Monteverde dicta a su secretario: "Se concede pasaporte al Sr. Bolívar, en recompensa del servicio que ha prestado al Rey con la prisión de Miranda..." ¿Le dan la libertad a cambio de una traición, según esto? Bolívar quiere protestar y murmura algunas aclaraciones; pero el honrado Iturbe le echa la mano al hombro, sonríe, desvía el asunto, halaga a Monteverde, y el joven prisionero queda libre.

Libre y desesperado. Monteverde le ha confiscado sus bienes, y en Curaçao, por otra parte, ha perdido los 12.000 pesos que le quedaban. Se encuentra, pues, vencido y miserable. Y hasta el honor se lo regatean, porque sus dispersos conmilitones y muchas gentes del país le acusan de haber entregado a Miranda a las iras del tirano y ser un oculto servidor de España. ¿A dónde se han ido los días de gloria y de entusiasmo, cuando las mujeres de Caracas le llamaban "su Simoncito" viéndole volver de la guerra con su calzón bien ceñido, sus patillas soldadescas y el curvo sable resonando por el suelo? ¿Cuando en las borrascosas asambleas patrióticas subía a la tribuna y eran sus discursos los más elocuentes y atrevidos, los que arrancaban mayores aplausos a la muchedumbre enardecida? Ahora Venezuela yace muda y rendida bajo el poder terrible de Monteverde.

No faltará quien asegure que al embarcarse para Curaçao, con su pasaporte en regla, Bolívar ha tenido el propósito de reconciliarse con el Rey de España, sin duda ante el espectáculo que el descalabro de la revolución ofrece a la vista. En su viaje a Londres, en 1810, hubo de relacionarse estrechamente con el marqués de Wellesley, que es hermano del generalísimo del ejército británico que en España opera contra

Napoleón. Bolívar ha pensado en pedir al marqués de Wellesley una carta para su hermano el general, el que más tarde será conocido como duque de Wellington. ¿Por qué no? Para un alma romántica, para un joven apasionado y amante de la gloria, ¿puede ser una solución el regreso modesto a los afanes del trabajo agrícola? Sus bienes, además, han sido confiscados, y sólo podría llegar a recobrarlos por procedimientos de sumisión y de paciencia que son indignos de su carácter. En cambio, la posición de oficial aventajado en un regimiento inglés le parece atrayente. Su tradición aristocrática, su amor a la gloria, su pasión de mando y de vida a lo grande quedarían satisfechos. Pero la pérdida de los 12.000 duros le obliga a desestimar semejantes planes. Sin dinero propio, un Bolívar no puede mezclarse con los oficiales del rey de Inglaterra.

En diciembre de 1812 se presenta Bolívar en Cartagena de Indias, donde es recibido por los patriotas neogranadinos bajo el estigma de traidor. Pues la Nueva Granada, que después recibirá el nombre de Colombia, se ha rebelado también contra España y por los mismos procedimientos que Venezuela. Esta simultaneidad y semejanza de los levantamientos de las provincias indican que toda América estaba trabajada por una conjuración a través de las clases ilustradas e influyentes de la sociedad criolla. Al mes y medio de proclamarse la revolución en el Ca-

bildo de Caracas, el Cabildo de Buenos Aires
había respondido, el 25 de mayo de 1810, con
una revolución completamente semejante, en la
que no falta ni la desobediencia al virrey ni la
declaración formal de su amor y sumisión a la
autoridad suprema de Fernando VII. En Nueva Granada se han sublevado, pues, contra el
poder de España, y una de las plazas dominadas
por los insurrectos es esta de Cartagena de
Indias.

Aquí está Bolívar, sin caudal ninguno y con
la honra en entredicho. Gracias a que por él
abogan algunos venezolanos, entre ellos, y con
pronta eficacia, D. José María Salazar, agente
diplomático de Venezuela (de la Venezuela independiente que no existe) cerca de la Junta de
Cartagena. El francés Labatut manda en la plaza. Y Bolívar consigue, por último, que le con-
fíen un cuerpo de ejército, doscientos soldados o
poco más, para poder salir rápidamente a campaña. La guerra le seduce. Está tocado para
siempre por el maleficio marcial.

Pero también por el de la política y la elocuencia. En Cartagena acaba de lanzar una larga y grave Memoria dirigida a los ciudadanos
de Nueva Granada, en la que habla de cuantas
cuestiones palpitantes pueden preocupar a los
patriotas. Es una exposición de los temas más
difíciles, hecha con una mezcla de audacia intelectual y de agudos atisbos políticos. El futu-

ro creador de naciones se halla aquí retratado en potencia. ¿Cuándo ha podido adquirir los conocimientos que revela, la gravedad y el arte político que apunta, el estilo convincente y no exento de elegancia que exhibe en esta Memoria? Pero Bolívar tendrá muchas otras ocasiones de sorprender al mundo con sus éxitos de técnica y de eficacia. En realidad, no ha estudiado nunca seriamente y con seguido método. Es el hombre de genio que actúa siempre de autodidacto, que aprende mientras va marchando y parece que en cada momento obra por inspiración caprichosa. Sin embargo, el capricho hay que descartarlo. No así la inspiración. Pero la inspiración es el agente intermediario o la vulgar palabra que nos vemos obligados a utilizar para poder dar nombre a ese misterio: la genialidad.

En la Memoria expone Bolívar los errores cometidos por los patriotas de Venezuela durante la época de su predominio. Y reclama para lo sucesivo un cambio total en la conducta. A través de estas palabras se adivina al hombre violento que marcha derechamente hacia la dictadura.

"Los códigos que consultaban nuestros magistrados no eran los que podían enseñarles la ciencia práctica del gobierno, sino los que han formado ciertos visionarios, que imaginándose repúblicas aéreas, han procurado alcanzar la perfección política presuponiendo la perfectibilidad del linaje humano. Por manera que tuvimos filósofos por jefes, filantropía por legislación, dialéctica por táctica y sofistas por soldados. De aquí nació la impunidad de los delitos de Estado, cometidos descaradamente por los descontentos, y particularmente por nuestros natos e implacables enemigos los españoles europeos... La doctrina que apoyaba esta conducta tenía su origen en las máximas filantrópicas de algunos escritores que defienden la no residencia de facultad en nadie para privar de la vida a un hombre, aun en el caso de haber delinquido éste con el delito de lesa patria. Al abrigo de esta piadosa doctrina, a cada conspiración sucedía un perdón, y a cada perdón sucedía otra conspiración, que se volvía a perdonar, porque los Gobiernos liberales deben distinguirse por la clemencia. Clemencia criminal, que contribuyó más que nada a derribar la máquina que todavía no habíamos enteramente concluído."

Bolívar se declara contrario al régimen federal que se ha dado a la república. La imitación de los Estados Unidos, común a la generalidad de los hispanoamericanos, él no la siente; hay en él un fondo napoleónico que concibe la guerra y la política de forma distinta a la de sus compatriotas.

"El sistema federal, bien que sea el más perfecto y el más capaz de proporcionar la felicidad humana en sociedad, es, no obstante, el más opuesto a los intereses de nuestros nacientes Estados. Generalmente hablando, todavía nuestros conciudadanos no se hallan en aptitud de ejercer por sí mismos y ampliamente sus derechos, porque carecen de las virtudes políticas que caracterizan al verdadero republicano... Es preciso que el Gobierno se identifique (concluye diciendo) al carácter de las circunstancias, de los tiempos y de los hombres que los rodean. Si éstos son prósperos y serenos, él debe ser dulce y protector; pero si son calamitosos y turbulentos, él debe mostrarse terrible y armarse de una firmeza igual a los peligros, sin atender a leyes y Constituciones, ínterin no se restablece la felicidad y la paz."

He aquí explicado y justificado todo cuanto va a suceder. Los horrores de la "guerra a muerte" están ya decretados. Es cierto que la situación de Venezuela y la actitud de Monteverde facilitan el acceso de la desesperación. Capitulado y preso el general Miranda y desbaratadas todas las fuerzas de la revolución, en Venezuela ha vuelto a imperar el poder realista totalmente. El Gobierno de la Península ha proclamado la Constitución, y a fines del año 1812 llega a Caracas la orden de que se proclame igualmente en Venezuela el fausto acontecimiento; pero Monteverde opina que el país no debe, no puede gozar de tal beneficio, porque está infestado de crimi-

nales subversiones; en Venezuela no cabe más
que una ley: "la ley de la conquista".

Monteverde es un militar experimentado y un
hombre severo y rectilíneo. Considera a los patriotas o independientes como simples insurrectos o filibusteros. Cualquier general gobernador,
en circunstancias parecidas, obraría como él: los
mandatarios de la Convención no trataban con
más blandura, ni mucho menos, a los insurgentes vendeanos. Monteverde tiene atribuciones supremas. Pero no hay que exigirle a su espíritu de
soldado responsable y severo, por el momento
necesariamente duro, la flexibilidad y agudeza
del político que sabe aprovechar la oportunidad
para atraerse a los rebeldes con medidas con-
temporizadoras. No, no sabe. No es un genio político. Es un buen jefe, un buen guerrero y un
patriota, y nada más. Y acaso no ignora en el
fondo que para los rebeldes no servirían de nada
cuantas benevolencias y transacciones se inten-
tasen. Por eso recurre a las medidas de máxima
severidad. Encarcela personas a montones, con-
fisca bienes, amenaza por doquiera. Si él, correc-
to al fin, no aplica la última pena, sus tenientes
se encargan de matar a los culpables o los sos-
pechosos en el interior del pais. Cerveris, Anto-
ñanzas, Zuazola, son hombres implacables a
quienes no asusta la sangre. Corren muy malos
tiempos. Todos están irritados. Lo que menos
se explica es que Bolívar abandone la brújula

del cauto político y se lance a secundar la era de las atrocidades. ¿Cómo no comprende que es insano el llevar la deshonra a una campaña de liberación? Pero él también está irritado. Todo el mundo está enfurecido, enloquecido, en Venezuela. Y comienza la desesperada "guerra a muerte".

El doctor Antonio Nicolás Briceño es un sabio jurisconsulto, de familia ilustre en la colonia, diputado en el primer Congreso venezolano, respetable y de vida apacible. Es uno de los que han logrado escapar de Caracas. En Cartagena forma un ejército expedicionario, y antes de salir a campaña publica una declaración desatinada en la que pueden señalarse comunicaciones como las siguientes: "Como el principal propósito de esta guerra es destruir en Venezuela la raza maldita de los españoles europeos, incluídos los isleños de Canarias, no serán admitidos en la expedición, aunque aparenten ser buenos patriotas. Serán excluídos también los oficiales ingleses, porque son aliados de España. Para recibir premio o grado en el ejército se considerará como mérito el presentar un número de cabezas de españoles europeos o isleños. El soldado que presente veinte cabezas será ascendido a alférez; treinta cabezas valdrán el grado de teniente; cincuenta el de capitán. Y así sucesivamente..."

Briceño, con su gente, se establece en Cúcuta,

donde estaba Bolívar aguardando instrucciones del Gobierno neogranadino para entrar en Venezuela. El plan de Briceño es, desde luego, aprobado. Y el propio Briceño se apresura a ponerlo en práctica cuando invade a San Cristóbal, fusilando seguidamente a los dos españoles que encuentra en la ciudad. Habrá quien asegure después que el furibundo jefe ha llegado a perder la cabeza hasta el punto de escribir unas cartas mojando la pluma en la sangre de sus víctimas. ¿Para qué tanto furor estúpido? Al poco tiempo le sale al paso en la montaña de San Camilo el español Yáñez, y lo derrota. Y Briceño es fusilado consecuentemente.

La exasperación de Bolívar aumenta como a impulso de una locura. Como un verdadero poseído por la furia sanguinaria, en su proclama de Mérida del 8 de junio prorrumpe: "Las víctimas serán vengadas; los verdugos serán exterminados. Nuestra bondad se agotó ya, y puesto que nuestros opresores nos fuerzan a una guerra mortal, ellos desaparecerán de América, y nuestra tierra será purgada de los monstruos que la infestan. Nuestro odio será implacable y la guerra será a muerte."

Entretanto, al comienzo de este trágico año de 1813, Santiago Mariño, rico hacendado de la isla de Margarita, se había puesto en relación con Manuel Píar, mulato de Curaçao, y con los hermanos Bermúdez, y se lanzaron a recorrer, en son de guerra, las provincias costeñas de Cumaná y Barcelona. Al mismo tiempo el mulato Arismendi sublevaba a la población de Margarita. Con lo cual vuelve a girar la veleta de la fortuna en este ardiente país, Venezuela, donde los acontecimientos parecen inspirados por una deidad tan caprichosa y voluble como tragediante.

Y ahora entra en acción Bolívar con su ejército de 500 neogranadinos, a los que por el camino irán incorporándose muchos voluntarios venezolanos. Entre los oficiales de Nueva Granada figuran hombres de pro como Ricaurte, Santander, Girardot, Delúyar y Vélez. Ha ocupado ya Mérida y Trujillo. Ha lanzado proclamas elocuentes, ha vertido sangre inútil de españoles indefensos. Le gusta firmar sus órdenes y circulares en esta forma: "Año III de la independencia y I de la guerra a muerte." Pero su mayor afán se cifra en llegar y tomar a Caracas lo más pronto posible. Pronto, a prisa: he aquí lo substancial de su carácter. Fogosidad, rapidez y enérgica audacia que han de llevarle a los grandes éxitos guerreros y políticos. Teme que otro capitán con fortuna se le adelante en la reconquista de la amada ciudad de Caracas, y su ambición, que ahora ha definido bien sus fines profundos, no ignora que Caracas es el único sitio desde donde puede conquistarse el supremo poderío y la suprema gloria. Apunta a Caracas, marcha con toda la velocidad posible hacia Caracas, y la fortuna, amiga siempre de los audaces, le facilita el paso a través de las victorias de Niquitao, los Horcones y Traguanes. Y logra así su deseo de adelantarse a los jefes que operan al otro lado del país, los Mariño, Arismendi, Píar, Sucre. Ha entrado antes que nadie en la capital amada, que aclama al joven héroe con arrebatado entusiasmo y le confiere el máximo de los poderes y el mayor de los títulos. Caracas ha puesto la Dictadura en manos de Bolívar. Además, desde ahora será llamado el Libertador. Cuenta precisamente treinta años de edad.

Ya no es aquel caballerito rumboso e inquieto de otros días, cuando tenía que gastar su ímpetu y sus bríos moceriles en empresas inciertas, junto a problemas que excedían a sus recursos intelectuales y compartiendo su acción con hombres que le ganaban en experiencia y en autoridad. Ahora se ve en el centro más logrado de su vida, y la vida le ha prestado saber, práctica, conocimiento de los hombres, arte y costumbre de mandar. Su carácter se ha endurecido y conformado definitivamente. Su energía ha adquirido la tensión y la flexibilidad oportunas. Ahora sabe de cierto lo que quiere y adonde va. Todos sus recuerdos de cuando vagaba por Europa, todas sus admiraciones de cuando contemplaba la magnificente apoteosis de Napoleón, todos sus ensueños adolescentes de cuando leía las vidas heroicas de Plutarco, en este momento se hacen reales y se concretan en su victoriosa persona. ¡Treinta años y saber que una nación se ofrece a sus plantas con una entrega fervorosa y total! ¡Y que a él le ha confiado manifiestamente el destino la salvación de la patria, y aun más, la estructuración, el modelado y el futuro de la patria!

Todo su ser está vibrante y como enajenado por una exaltación heroica. Siéntese como poseído por la embriaguez de lo sublime. Y así no es extraño que incurra en lo patético con tanta facilidad. Por ejemplo, su valeroso oficial, su amigo del alma ha caído muerto en el sitio de la plaza de Puerto Cabello, en la que se ha hecho fuerte Monteverde. Al asaltar la posición de la Bárbula, al plantar en lo alto la bandera de la independencia, una bala española ha derribado a Girardot. Y entonces Bolívar, como quien se halla en un trance lírico, se entrega a románticas y funerales ceremonias. Hace arrancar el corazón del valeroso guerrero, lo encierra en una urna forrada de paños negros y de galones de oro y marcha procesionalmente a Caracas, donde resuenan cañones y tambores funerales. Niños vestidos de ángeles rodean la fúnebre carroza. El propio arzobispo preside el luctuoso cortejo, y el corazón del llorado amigo, del joven y bello héroe, encuentra por último reposo en el altar mayor de la catedral...

Pero esto es lo que pide la hora. No hay que olvidar que a lo solemne de la época anterior se agrega en este momento del mundo el patetismo de la ráfaga romántica, que ya empieza a insinuarse por todas partes.

VIII

INTERVIENE EL TREMENDO BOVES

Y otra vez se opera un cambio en la situación
de Venezuela, y los españoles, que habían sido
confinados a tres o cuatro plazas del litoral,
vuelven a recobrar el predominio casi completo
en el país. Un hombre solo ha realizado este mi-
lagro. Un hombre particular y obscuro: Boves.

Pero, ¿quién es Boves? ¿De qué ignorado rincón de la sociedad ha surgido esta figura terrible que por momentos adquiere una descomunal
grandeza de monstruo? ¿Y de qué abrasadas
profundidades del continente ha podido sacar
esos soldados salvajes e incontrastables que le
siguen? Antes de la revolución era Boves un
hombre adinerado, de gran prestigio popular,
francote y listo, generoso y campechano y astuto
al mismo tiempo. En cuanto a su conducta civil,
no era, seguramente, nada recomendable. Se había dedicado al fructífero oficio de contrabandista, negociando entre la costa y la llanura de

Guárico, y un día cayó en poder de la autoridad y fué condenado a presidio. Pero un señor respetable e influyente, Jove, intercedió en su favor, y como único castigo fué confinado en la ciudad de Calabozo. El contrabandista tenía, sin duda, sus virtudes; sabía ser leal y agradecido. Y en homenaje a la persona espléndida que le protegiera en trance tan apurado, tomó el apellido de su benefactor. De José Tomás Rodríguez, que se llamara originalmente, pasó a llamarse Jove. El pueblo de los Llanos, por las dificultades o resabios de su habitual pronunciación, convirtió la palabra en Boves.

Boves es un asturiano robusto, un gijonés de ojos pardos, cabello rubio y fuerzas hercúleas. Es valiente y decidido, desde luego, y en su larga vida de América se ha asimilado los modos, los gestos, la idiosincrasia de la gente criolla. Como otros muchos españoles establecidos en el país desde mucho tiempo atrás, Boves ha aceptado la revolución con espontánea complacencia. En la hora de las exclamaciones democráticas y de las líricas promesas de libertad universal, Boves ha escrito sobre la muestra de su casa de comercio en Calabozo un "¡Viva la Patria!" que promete ponerle a salvo de cualquier desmán patriota. Pero se ha equivocado. Su adhesión a la causa revolucionaria no le libra del encarcelamiento. Y cuando después se encuentra al frente de una tropa decidida, ya no es posible reclamarle procedimientos correctos o siquiera humanos. La injuria y el atropello que han usado contra él le llenan el alma de odio. Hace la guerra por venganza. Y porque no puede hacer ya otra cosa desde que el país está en pleno desorden y lanzado del todo a la turbulencia.

¿Guerra a muerte han dicho? Perfectamente. Boves acepta el reto sin el menor escrúpulo. Y sale del fondo de los Llanos con sus terribles caballeros de tez obscura, especie de centauros feroces armados de lazo, largo machete y lanza cimbreante. Con estos llaneros, que son americanos puros y como la más integral expresión de la americanidad, defenderá Boves la causa de España en Venezuela.

Conviene repetir que las ideas de emancipación son únicamente atributo de los criollos blancos; los pardos, o sea los que forman la masa numerosa del pueblo, permanecen adictos a la tradición española. Ellos no entienden de despotismos, ni de romper las cadenas, ni de dar fin a los sufrimientos tres veces seculares para entrar en una era de justicia y de grandeza. El pueblo sólo comprende la realidad. Y la realidad es que el Gobierno de los criollos ha emitido un papel moneda que no vale nada ni nadie lo quiere tomar; que las nuevas autoridades que han impuesto los criollos blancos son mucho más abusivas y arbitrarias que las de los españoles; que los generales y las bandas de soldados emancipadores pasan por los campos y por las ciudades como trombas que todo lo arrasan. Y hay, sobre todo, aquella profunda y mística idea del poder real metida en el alma del pueblo, que reclutará soldados para los ejércitos del Rey hasta los últimos días de la prolongada guerra, precisamente en la masa auténtica del pueblo.

"Los pueblos se oponen a su bien —escribe con amargura el general patriota Urdaneta en 1814—; el soldado americano es mirado con horror; no hay un hombre que no sea un enemigo nuestro; voluntariamente se reúnen en los campos a hacernos la guerra, nuestras tropas transitan por los países más abundantes y no encuentran qué comer; los pueblos quedan desiertos al acercarse nuestras tropas y sus habitantes se van a los montes, nos alejan los ganados y toda clase de víveres; y el soldado infeliz que se separa de sus camaradas, tal vez a buscar alimento, es sacrificado."

Para que estos sentimientos hayan penetrado tan hondo en el ser popular, no basta el respeto místico por el Rey distante; ha sido necesaria una larga era de justicia y de paz mantenida sin interrupción por el Gobierno de España en las provincias de América. Alejandro de Humboldt, que ha recorrido con detenimiento todo el Nuevo Mundo y que más bien aboga por la emancipación del continente, confiesa su admiración por el buen orden con que están administrados aquellos inmensos países. "El Rey Carlos III, declara, se ha convertido principalmente en el bienhechor de los indígenas por medio de medidas tan prudentes como enérgicas. Entre los doce funcionarios superiores que administraban el país en 1804, no había ni uno a quien el público acusase de corrupción o de una falta de integridad. En ninguna parte goza el pueblo bajo del fruto de sus fatigas como en las minas de Méjico. No hay ley ninguna que fuerce al indio a escoger este género de trabajo o a preferir tal explotación a otra."

De este modo, Boves no ha tropezado con muchas dificultades para nutrir de soldados su ejército. Dispone de todos los que quiere. Llegará momento en que cuente con más de 10.000. Los cuales son, antes que nada, unos insuperables hombres de guerra, útiles sobre todo para esta guerra terrible que se hace en el país, bajo este sol implacable, en este clima peligroso y en estas inmensas soledades donde con tanta frecuencia falta el más elemental alimento. Por eso resulta el llanero tan formidable soldado. Porque además de un valor a prueba posee una sobriedad, una resistencia al sufrimiento, una dureza física capaces de los mayores sacrificios. No exige mucho. Prefiere ir medio desnudo sobre su caballo, y si no hay más que unos sorbos de café por la mañana y un trozo de carne por la tarde, no necesita más. Siempre habrá alguien en el grupo que lleve una guitarra. Y cantando al son del "cuatro" alguna copla llanera, los soldados de color (mulatos, mestizos, zambos, negros) que arrastra Boves al combate se buscan a su modo una compensación. Después, en la batalla, cargarán en masa y con el ímpetu del huracán, entre alaridos aterradores y como un verdadero ejército de demonios.

Viven en esa extensión inmensa que se derrama desde el pie de los Andes hasta las orillas del opulento Orinoco. Grandes ríos como el Apure y el Arauca bañan la infinita planicie cubierta de hierba, auténtico mar en calma en que sólo a trechos sobresalen los grupos de palmeras como islas acogedoras. La interminable pradera verde, esmaltada de flores, se ve surcada por ríos profundos y por tranquilas lagunas donde viven numerosas las aves acuáticas. Y sobre la espesa verdura de las sabanas, los novillos y los caballos pastan en tan enorme número que nadie los podría contar.

Pero en este cuadro de libre y grandiosa naturaleza no todo es agrado y hermosura. Aquí el hombre nace para luchar contra una naturaleza excesiva que está acelerando con prisa monstruosa el tránsito pendular de la vida a la muerte. Si la vida se desarrolla con pasmoso ímpetu, la muerte acecha a los seres en todos los momentos y les exige el rápido sacrificio. Innumerables animales carniceros aguardan al hombre

«Firma del Acta de la Independencia de Venezuela.» (Cuadro del pintor venezolano Tovar y Tovar)

El Libertador, por Bate

Monumento al Libertador Simón
Bolívar en el Panteón de Hombres
Ilustres, en Caracas

en la sombra del palmar o en la serena agua de la laguna. Serpientes gigantescas, tigres de manchada piel, enormes y voraces caimanes, furiosos y salvajes toros. Cuando se arriesga a cruzar un río, en la más serena de las aguas sabe que se esconde el pez que llaman raya, armado de una cola en forma de dardo de tres pulgadas de largura; el temblador o anguila eléctrica, capaz de inutilizar con sus descargas a un hombre robusto; el payara, que lleva dos formidables colmillos semejantes a los de la serpiente de cascabel y con los que hiere y raja lo mismo que una navaja de afeitar; el caribe, en fin, ese pez pequeño y voraz, poseído de una espantosa sed de sangre y que acude a centenares tan pronto como atisba una víctima. Llegada la época de las lluvias, el Orinoco no puede contener el enorme caudal de agua, y las corrientes del Apure y del Arauca tienen que retroceder y desbordarse. Entonces la infinidad de los Llanos queda convertida en un mar, del que de trecho en trecho sobresalen las mesas cubiertas de palmas. Y entonces el hombre tiene que recoger y salvar los ganados, conducirlos a las mesas, preservarlos de las fieras, impedir las espantadas y las fugas en masa.

Y sin embargo de este vivir en lucha perenne, el llanero ama su tierra sobre todas las cosas, y lejos de sus sabanas infinitas se siente como encogido, triste y positivamente desterrado. Se cubre con una camisa larga de policromos dibujos y unos calzones abotonados en la rodilla. En lugar de botas usa polainas para preservarse de las espinas y los matojos. Eso le basta. En cambio pone su vanidad en el pañuelo a rayas con que cubre y adorna su cabeza, y sobre todo en las grandes espuelas de plata y en la espada, prenda segura que los primeros conquistadores le legaron y que el llanero no abandona jamás. Así se considera él tan libre y seguro de sí mismo. Así es como puede cantar:

> Sobre la hierba, la palma,
> sobre la palma, los cielos,
> sobre mi caballo, yo,
> y sobre yo, mi sombrero...

Al frente de estos centauros de morena tez se ha puesto Boves, que es un llanero más tan valiente y salvaje como el mejor de ellos, tan astuto como cualquiera, pero que les gana a todos en voluntad, en energía, en potencia de odio. No quiere nada para él. A la hora del botín deja las presas a sus hombres, y así es como, una vez muerto, su esposa no habrá de heredar ni un real. Su lanza es la más temible, y no sólo de sus enemigos, sino también de sus propios soldados. Porque si bien los halaga y conduce a la victoria, les exige mucho a la vez, y el cobarde o el insubordinado sabe que tendrá que habérselas, sobre el mismo terreno, con la lanza implacable del general. Justicia seca, como demandan unos tiempos y unas gentes que parecen haberse reintegrado a un auténtico estado de naturaleza, pero de naturaleza salvaje.

Es cuando Bolívar, acosado por el Demonio de los Llanos, firma en Valencia la orden siguiente:

"Señor comandante de la Guaira, ciudadano José Leandro Palacios.

"Por el oficio de U. S. de 4 del actual, que acabo de recibir, me impongo de las críticas circunstancias en que se encuentra esa plaza, con poca guarnición y un crecido número de presos. En su consecuencia, ordeno a U. S. que inmediatamente se pasen por las armas todos los españoles presos en esas bóvedas y en el hospital, sin excepción alguna.

"Cuartel General Libertador, en Valencia, 8 de febrero de 1814. A las ocho de la noche.— SIMÓN BOLÍVAR."

Pasarán muchos años, y los más fervientes admiradores de Bolívar no se atreverán a disculpar esta condena feroz. ¿Boves era sanguinario? Pero Boves era un hombre inculto y de baja extracción, mientras en Bolívar coincidían el noble, el aristócrata, el ilustrado que ha conocido las ciudades más civilizadas, las academias, los salones, y que lucha por altos ideales.

El mulato Arismendi, en funciones de general, se encarga de cumplir esta orden, para lo que emplea tres días seguidos. Distribuídos en

las bóvedas de la Guayra y en las prisiones y
hospitales de Caracas hay 866 españoles, comerciantes canarios y personas neutrales en su ma-
yoría; todos son inexorablemente sacrificados, y
mejor al arma blanca que a tiros. El arzobispo,
Don Narciso Coll y Prat, sale desolado a pedir
piedad; suplica una entrevista con Bolívar, y
no consigue nada. El mulato Arismendi ha podido cumplir exactamente la terrible orden.

Bolívar, entretanto, ha venido a refugiarse
al pueblo de San Mateo, y el azar de la guerra
quiere que se haya atrincherado en la misma hacienda de su propiedad, aquí donde otro tiempo
labraban los campos de caña sus numerosos
esclavos, y él salía a vigilar las faenas al frente
de sus mayodormos. Aquí también es donde mur-
muró sus ternuras al oído de su esposa, la bien
amada María Teresa. El estrépito de las armas
ha substituído a aquellas canciones del trabajo
y aquellas palabras de amor. Los campos están
entregados a las malezas. La irritación y el odio
llena el ambiente. ¡Boves! El sanguinario Boves
se aproxima en una marcha precipitada de cien
leguas, y en la batalla, que queda indecisa, resulta herido. Pero la fatalidad tiene que cumplirse
hasta el fin. El 15 de junio, en la Puerta, alcanza Boves al ejército de Bolívar, que se había
juntado con el de Mariño, y en poco tiempo, en
dos o tres cargas decididas, desbarata a las tropas patriotas y las alancea y remata sin compa-

sión. Los dos secretarios de Bolívar mueren en el combate. Y apresuradamente, escapando a uña de caballo, el Libertador con su generales se refugia en Caracas, donde el pánico hace temblar y gemir a todos sus 40.000 habitantes.

Poco antes de esta derrota, el jefe español Don José Ceballos había unido sus fuerzas con las que mandaba el capitán general de Venezuela, D. Juan Manuel Cajigal, y en Carabobo, el 28 de mayo, les ganó Bolívar una brillante batalla. Ahora que Boves ha destrozado a los independientes, Cajigal se apresura a enviar su calurosa felicitación a Boves y un nombramiento en regla de coronel de los ejércitos de España. "He recobrado las armas —le contesta Boves—, las municiones y el honor de las banderas españolas que vuecencia perdió en Carabobo." Y le devuelve las insignias de coronel, diciendo que no las necesita, y que él personalmente hace y deshace a los coroneles. Ni tampoco acepta en su ejército a oficiales españoles. Para el mal o para el bien, para las victorias o para las horribles carnicerías, Boves no cuenta más que con soldados y capitanes criollos. Sólo hace una excepción; sólo admite españoles que sean cirujanos... y músicos.

¿Qué hace entretanto la infortunada Caracas? El Atila de los Llanos se acerca, y no hay nadie con suficiente poder para rechazarlo o contenerlo. ¡Ya se hallan próximos los llaneros, esos salvajes surgidos del fondo de los desiertos, sin más ley que la venganza ni otra bandera que el botín! Todos tiemblan, y en vano volverán los ojos al dictador supremo, porque Bolívar carece de poder. La fortuna se le ha ido de nuevo de entre las manos. La fuerza y el éxito se le han volado una vez más. Obstinado jugador, ha jugado fuerte, ha vuelto a poner todo lo que tenía a una carta, y ha perdido. Lo ha perdido todo.

Y un día se ve salir en procesión patética a la población de Caracas, presa del terror, anegada en lágrimas, buscando en alguna parte, hacia allí, hacia el Oriente, un refugio donde escapar a la furia del Atila venezolano. Forman una desordenada muchedumbre de civiles, mujeres, niños, ancianos. El historiador Heredia pintará este éxodo espantoso con trazos como los siguientes: "El camino de Chacao estuvo todo el día cubierto de una columna de gentes de todas clases y edades, que huían despavoridas, a pie y cargando cada cual con lo que podía, de las cuales casi todas perecieron en el viaje al rigor de cuantas calamidades pueden imaginarse. De las 40.000 almas a que llegaba el vecindario de aquella hermosa capital, quedaron las monjas de los dos conventos de la Concepción y el Carmen, algunos frailes y el arzobispo y a su ejemplo los canónigos, y como cuatro o cinco mil personas que tuvieron resolución para esperar la muerte en sus casas, sin exponerse a encontrarla más

cierta entre los riesgos de la fuga..." En la retaguardia, jefe precario de una miserable tropa,
marcha Bolívar, imagen infeliz de la derrota, de
la impotencia, de la ambición fracasada.

Los pocos restos humanos que han podido salvarse de este éxodo horrendo, embarcan en Cumaná para la isla de Margarita, que sigue en poder de los independientes, o buscan asilo en las
Antillas. El intendente de Puerto Rico, D. Mariano Ramírez, da pruebas de mantener el alma
limpia de la ráfaga de ferocidad que enloquece
a todos; envía dinero y víveres a los grupos de
mujeres y niños venezolanos que se han refugiado en la próxima isla de Saint Thomas, acción
humanitaria que el Gobierno de la Península
aprueba.

¿Adónde va mientras tanto ese heroico jugador sin ventura? Cuando se figura que ha de
poder hacerse fuerte en Aragua de Barcelona
con los 3.000 hombres que ha reunido, llega
Morales, el segundo de Boves, le cae encima y lo
derrota. Ya no hay más remedio que huir. Pero
la adversaria fortuna le exigirá todavía que
pague hasta la última prenda, hasta el bochorno
de la humillación. Ahí, en Cumaná, recurre al
jefe de la flota republicana. Es un italiano llamado Bianchi. Un pirata que, llegada la ocasión,
exige con franco cinismo la parte gruesa del
botín. El botín que conduce Bolívar consiste en
las contribuciones que por el camino ha ido exi-

giendo (la guerra es la guerra) a los habitantes
para proseguir la campaña de liberación. La
suma está sobre todo engrosada con los caudales tomados, para el mismo fin, al clero de Caracas. Sólo estos últimos tesoros, en alhajas y
ornamentos religiosos, pesan 27.912 onzas de
plata. Pues bien, dice Bianchi que los tesoros le
corresponden a él en pago de los servicios que
ha prestado con sus naves. Disputan. Bolívar
persigue a Bianchi hasta la isla de Margarita
y consigue arrebatarle los dos tercios de la presa. Pero al volver al continente, en Carúpano,
el general José Félix Ribas, interpretando el
criterio de los demás oficiales, acusa a Bolívar
de haber desertado a Margarita, de haber aban-
donado el ejército de la patria, y le destituye del
mando supremo. La sombra del general Miranda aparece delante de Bolívar... También aquel
era dictador; también había sido derrotado, y
lo mismo que Bolívar ahora, se encontró inde-
fenso en la costa, a punto de huir y a merced
de los compañeros de armas que le acusaban de
traición y le querían fusilar. El fogoso Píar, por
ejemplo, pretende pasar por las armas a Bolívar... Hasta que le permiten huir. El corsario
Bianchí lo conducirá en sus naves a Cartagena.
El 7 de septiembre de 1814 abandona Bolívar la
tierra de la patria.

¿Y Boves? Por ahí viene triunfando de todo
el mundo. Entra en Cumaná y pasa a cuchillo

a la muchedumbre. Más tarde, el 5 de diciembre, ataca en Urica a Ribas, Bermúdez, Píar, Monagas, Cedeño, Zaraza, y los destroza. Es como el brazo de algún Dios extraordinariamente vengativo y poderoso. A todos los vence y desbarata. De pronto, en medio del triunfal combate, un soldado enemigo le asesta una lanzada. Y así, de esta manera estúpida, muere Boves. La única forma de morir, después de todo, que merece escoger el dios de la guerra para los valientes. Ya en Venezuela no quedan más que tres o cuatro guerrilleros medio escondidos en los montes. En la isla de Margarita se sostiene Arismendi con indomable porfía. Y nada más. La obra de los patriotas otra vez se ha desmoronado. La misma patria se halla en ruinas, y aquella sociedad de raza blanca que era el ornato del país, aquellas familias patricias que asumían la función de dirigir y conservar las tradiciones de la cultura y el civismo, todo eso ya no existe. Los venezolanos se han destruído mutuamente con fiera porfía.

"En las últimas acciones —escribe a un amigo el brigadier español D. Manuel del Fierro— habrán perecido de una y otra parte más de 12.000 hombres. Afortunadamente los más son criollos, y muy raro español."

IX

LA REVOLUCIÓN ESTÁ VENCIDA

Pero el buen jugador no debe darse por vencido jamás. Y Bolívar no es de la madera de los apocados. Su naturaleza aristocrática le induce siempre a considerar los hechos como manando de un arca inextinguible de caudales que regenta el propio destino; y para la concepción del auténtico aristócrata, el destino no es otra cosa que el gran administrador o depositario de sus bienes. Consumido un donativo se pide otro en seguida. Nuevos hechos substituyen a los que se han desperdiciado entre las manos. Bolívar acude a la caja de caudales de la fatalidad, y desenvueltamente, como quien con dinero fresco se aproxima a jugar, un día lo vemos en Cartagena de Indias, la más fortificada y formidable plaza de todos estos mares de América.

Cartagena se halla en poder de los republicanos de Nueva Granada. Pero el sino de todos estos virreinatos que comienzan a ser naciones ha sido marcado ya. En Nueva Granada los patriotas ya están decididamente divididos por diferencias políticas; ya se han separado en los bandos hostiles de unitarios y federales, de conservadores y radicales; ya tienen su correspondiente guerra civil. Bolívar desea exculparse en Cartagena de cuantas acusaciones le dirigen, porque la fama de haber originado la pérdida casi total de Venezuela toma cuerpo a su alrededor. El general Castillo (brotan generales con admirable prodigalidad en los ejércitos patriotas) le dirige principalmente sus insidias y ataques. El general Castillo es uno de los muchos envidiosos como ha tenido y tendrá que padecer Bolívar. Pero no hay tiempo que perder. Bolívar se embandera en uno de los bandos que están disputando en Nueva Granada y entra de lleno en la guerra civil.

¿A cuál de los dos bandos se ha inclinado? Al más popular y fogoso, desde luego; al bando de los federales. Aunque Bolívar ha sido antes y lo será después con mayor convencimiento todavía un adversario del federalismo. Lo importante es guerrear. Lo que más le importa es apoderarse de un ejército cualquiera para satisfacer su irremediable necesidad de mando, de imperio, y para libertar a Venezuela del yugo español. Rápidamente organiza un cuerpo de ejército, engrosado con las fuerzas que el general Rafael Urdaneta ha conseguido salvar del desastre de

Venezuela, y se presenta frente a Santa Fe de Bogotá. Hay una pelea dura, porque la guerra civil ha desatado todos los fanatismos. Y en Bogotá, por añadidura, existe, como en ninguna otra parte de América, el fanatismo religioso. Cuentan, por ejemplo, que al estallar los cañonazos durante el ataque de los federales a la ciudad, el populacho, reunido en la plaza Mayor, gritaba: *¡Viva Jesús!*, a cuya profanación respondía una dama partidaria de Bolívar, desde lo alto de un balcón, con un blasfemo *¡Muera Jesús!*

Después que Bogotá ha sido asaltada, y una vez cumplidos todos los excesos de asesinatos y fusilamientos en masa en que ambos partidos se han esmerado, Bolívar está a punto de alzarse otra vez con la total fortuna. Por lo pronto ha sido honrado por el Congreso con el título de capitán general de los Ejércitos de la Confederación. Y dispone de una fuerza de 2.000 soldados. Pero al llegar en enero de 1815 a la proximidad de Cartagena, se entera de que su enemigo personal, el general Castillo, acaba de sublevarse y es el amo de la plaza. ¿El fracaso otra vez, por tanto? Sí; de nuevo hemos perdido la jugada. Por más que Bolívar, acampado frente a Cartagena, trata de pactar con su adversario Castillo, en tres meses que dura la maniobra diplomática no consigue el menor éxito.

Y entretanto las enfermedades se ceban en

sus tropas. Y el general Morillo, con todas las poderosas fuerzas que trae de España, está dispuesto a venir sobre Cartagena. Entonces se ve a Bolívar obrar con una desenvoltura desconcertante. Entonces, en vez de adoptar una actitud de espartano que declina sus pasiones personales ante la llegada del enemigo común y se sacrifica y muere por la patria, procede como un *condottiero* de la Italia del cuatrocientos. En efecto, abandona su ejército, sale al mar y busca asilo en la isla Jamaica. Sólo un amigo, su fiel secretario Pedro Briceño Méndez, le sigue en la repentina y dolorosa expatriación.

Su dolor lo exhala en esta alocución que al tiempo de embarcarse dirige a sus compañeros de milicia:

"Venezolanos: Vosotros debíais volver a vuestro país; granadinos: vosotros debíais volver al vuestro, coronados de laureles. Pero aquella dicha y este honor se trocaron en infortunio. Ningún tirano ha sido destruído por vuestras armas; ellas se han manchado con la sangre de nuestros hermanos en dos contiendas, diversas en los objetos, aunque iguales en el pesar que nos han causado... ¡Dichosos vosotros que vais a emplear el resto de vuestros días por la libertad de la patria! ¡Infeliz de mí que no puedo acompañaros y voy a morir lejos de Venezuela, en climas remotos, porque quedéis en paz con vuestros compatriotas! Granadinos y venezolanos:

de vosotros, que habéis sido mis compañeros en tantas vicisitudes y combates, de vosotros me aparto para ir a vivir en la inacción y a no morir por la patria. Juzgad de mi dolor y decidid si hago un sacrificio de mi corazón, de mi fortuna y de mi gloria renunciando el honor de guiaros a la victoria. La salvación del ejército me ha impuesto esta ley; no he vacilado. Vuestra existencia y la mía eran aquí incompatibles; preferí la vuestra. Vuestra salud es la mía, la de mis hermanos, la de mis amigos, la de todos, en fin, porque de vosotros depende la república. Adiós, adiós..."

Con frecuencia los grandes políticos, los grandes dictadores y los conductores y conquistadores de pueblos suelen ser, si bien se mira, unos literatos fracasados. Espíritus que poseían la vocación y el instinto artísticos, y que, evadiéndose a tiempo de la seductora tiranía literaria, emplearon en la acción y en las vitales obras constructivas la fuerza de su fantasía y de su imaginación. El gran Alejandro, casi convertido al sedentarismo intelectual por el maestro Aristóteles, prefirió vivir el más sublime poema heroico que han conocido los hombres en las brillantes empresas de tres continentes. César sintió a su hora la seducción de la gloria literaria, vencida, por fortuna, con oportunidad. En Bolívar alentará siempre en potencia el artista, el hombre de letras y el poeta mismo. Le gusta

emplear ese género elocuente y sentimental que
actualmente se usa. Es el romántico lanzado a
las tempestades de la vida, y en este cruel instante, cuando un navío inglés le aleja de las playas de la patria, Bolívar no puede expresarse
más que como un real y verdadero héroe de
Schiller, de Chateaubriand o de lord Byron.
"¡Adiós, adiós! ¡Infeliz de mí que no puedo
acompañaros!..."

Mientras Bolívar se refugia en Kingston, el
general Morillo dispone sus fuerzas de modo de
aplastar en el más breve plazo los últimos restos
de la insurrección. El Rey Fernando VII había
recuperado el trono y reinaba con poder absoluto en el suelo de España; para poder reinar
igualmente en sus provincias de América ha armado una expedición de 10.000 hombres, vetera-
nos de la guerra contra Napoleón en su mayor
parte. Buenos regimientos de línea, bien disci-
plinados y equipados, con un respetable tren de
artillería, municiones abundantes y dinero. Fernando VII ha puesto la expedición al mando de
un hombre de confianza. Es, en efecto, el general
Morillo un soldado capaz y un leal súbdito. Un
hombre perfectamente honrado. Empezó su carrera militar de simple soldado de Infantería
de Marina, y en la guerra de la Independencia
ha ganado sus galones de general en los campos
de batalla. Es un guerrero que sabe su oficio.
Sin embargo, para esta guerra de América, para

esta campaña difícil contra insurgentes no puede bastar el soldado; sería indispensable contar sobre todo con el político. ¿Sabrá Morillo triunfar en las artes políticas tanto como ha sobresalido en las artes de la guerra? La expedición, armada ya y dispuesta en la bahía de Cádiz, ha estado algún tiempo vacilante, sin saber si había de dirigirse a combatir en el Río de la Plata o en las tierras de Venezuela y Nueva Granada. Este ha sido un principio que no puede augurar nada bueno.

Las instrucciones que del Gobierno de España trae el general Morillo son las más prudentes y benignas, como propias de un rey que quiere reconciliarse con sus pueblos descarriados:

"Ocupada la isla de Margarita, se emplearán para su sosiego y buen orden todos los medios de dulzura, apoderándose tan sólo de las personas encontradas con las armas en las manos, y de los buques o efectos que no pertenecen a vasallos de Su Majestad. Por lo que el gobernador que quede allí debe ser de buen juicio, activo y vigilante. El general en jefe publicará un indulto en nombre del Rey a los que en un plazo determinado se presenten, que estén o hayan estado sirviendo contra la causa de Su Majestad... Publicará un olvido general de lo pasado a los que estén en sus casas y labores, sea cual fuere el partido que hayan seguido... Al comercio y hacendados se les protegerá y auxiliará... Como

el éxito de la expedición y tranquilidad de aquella Capitanía está sujeto a las contingencias de
la distancia, concede S. M. amplias facultades al
general en jefe para alterar en todo o en parte
estas instrucciones, pues S. M. conoce los talentos y buen deseo del mariscal de campo D. Pablo
Morillo hacia su real servicio, lo que le asegura
de que su conducta se arreglará a lo más con-
veniente para lograr aquél y de consiguiente la
dicha de los amados vasallos de Ultramar."

Respondiendo a esta confianza que el Gobierno de Madrid ha depositado en él, Morillo se
dirige con sus fuerzas a la isla de Margarita y la
somete sin lucha. Los rebeldes, despavoridos a
la vista de tan formidable escuadra, no han in-
tentado resistir. El general Arismendi, de ante-
cedentes harto sanguinarios, se ha rendido, y
Morillo accede a tratarlo con benignidad y hasta a sentarlo a su mesa. En cambio, el jefe patriota Bermúdez se ha escabullido y marcha a
Cartagena. En esto, cuando estaba anclado frente a la vecina isla de Coche, el único navío de
línea de la escuadra, el *San Pedro de Alcántara*,
de 74 cañones, vuela con la mayor parte de los
caudales y con un gran número de fusiles, uniformes, barriles de pólvora y materiales artille-
ros, que se pierden en el fondo del mar.

En seguida Morillo se dirige contra Cartagena, donde los patriotas se han hecho fuertes. Es
una plaza poderosísima y que los sitiados de-

fienden con valerosa porfía. Ciento ocho días dura el sitio. Hasta que no pueden más y los rebeldes capitulan.

Ya está. El país entero ha quedado sometido. En el virreinato de la Nueva Granada y en la Capitanía general de Venezuela, lo mismo en Santa Fe de Bogotá como en Caracas, las autoridades españolas ejercen normalmente sus funciones y parece que nunca más podrá levantar cabeza la insurrección. A este período de calma y de legalidad realista en que vive el país lo titularán después los naturales "la patria boba"

Pero ya es hora de que volvamos al lado de nuestro Simón Bolívar.

X

EL JUGADOR SIN VENTURA

Simón Bolívar ha buscado hospitalidad en Jamaica. Vive en la ciudad de Kingston sometido a los más extremos apuros pecuniarios, que se corresponden infelizmente con los más aciagos apuros morales. ¿Qué puede esperar ya su conciencia atribulada de americano? La derrota definitiva de Napoleón ha dejado las manos libres a España, que ahora puede impunemente operar sobre América con todas las fuerzas de que todavía, no obstante su debilidad, es capaz de disponer. Las naciones europeas de la Santa Alianza verán complacidas, o por lo menos con un tácito asentimiento, cómo la tradicional autoridad española sofoca en el Nuevo Mundo los focos de la rebelión. Los éxitos y las disposiciones del general Morillo invitan desde luego a renunciar a toda esperanza.

Y Bolívar está, para colmo de males, sin dinero. ¿Cuándo se le ha visto contar lo que tiene ni guardar reservas de oro para el porvenir? Eso no entra en sus posibilidades. Es el aristócrata nacido inmensamente rico que desde la infancia está acostumbrado a gastar. El ahorro y la previsión pertenecen al orden de las virtudes mercaderiles, y él es nieto de los altos funcionarios reales, nieto de los conquistadores que se repartieron y adjudicaron las tierras y las encomiendas de los indios. Ha vivido siempre servido por lacayos y secretarios, mientras centenares de esclavos negros trabajaban para él en sus haciendas.

Como no se ha cuidado de atesorar, como es generoso por naturaleza y amigo de gastar, y como ha tenido que huir apresuradamente, ahora se encuentra en el destierro, teniendo que sufrir las más penosas vejaciones. Hasta se ve reducido a la necesidad de tener que rogar un préstamo, casi una limosna, a cualquier ciudadano inglés. Un día escribe a su discreto amigo, el señor Hislop:

"Obligado de la más absoluta necesidad, me tomo la libertad de molestar la atención de usted, confiado en las ofertas generosas que a nombre de usted me hicieron nuestro amigo común el difunto general Robertson y Mr. Chamberlaine.

"Ya no tengo un duro; ya he vendido la poca plata que traje. No me lisonjea otra esperanza que la que me inspira el favor de usted; sin él, la desesperación me forzará a terminar mis días de un modo violento, a fin de evitar la cruel humillación de implorar auxilios de hombres más insensibles que su oro mismo. Si usted no me concede la protección que necesito para conservar mi triste vida, estoy resuelto a no solicitar la beneficencia de nadie, pues es preferible la muerte a una existencia tan poco honrosa.

"La generosidad de usted debe ser gratuita, porque me es imposible ofrecer ninguna recompensa, después de haber perdido todo; pero mi gratitud será eterna..."

Sin embargo, el dinero que recibe no le pone a salvo de la necesidad. Y es que, como Bolívar, hay en Jamaica bastantes patriotas venezolanos reducidos a la extrema indigencia, compañeros suyos de campaña que acuden a él a pedirle donativos con que sustentarse. Por estos tiempos las cartas que escribe Bolívar destilan tanta desesperación como la que acabamos de reproducir. Verdaderamente se mira con toda la existencia desplomada y sin ninguna salida posible. Arruinado como hacendado, como político, como militar, como libertador de pueblos. Y sin un duro en el bolsillo. Y acaso lo peor que tiene la pobreza es que deja al sujeto a merced de los ultrajes de los viles, desamparado frente a la osadía de los groseros.

La dueña de la casa en que se alberga, una despiadada mujer de color, sospecha que Bolívar carece absolutamente de dinero y lo despide

como cualquier patrona hace con el último de los
estudiantes morosos. No podía llegar a menos el
hombre que había gozado en Caracas de los ostentosos títulos de Dictador y Libertador. Pero
dicen que la Providencia se vale de los más increíbles y misteriosos medios para proteger a
los escogidos. Y esta brusquedad ultrajante de
la grosera patrona ha servido, en efecto, para
salvarle a Bolívar la existencia. Porque al ir a
buscar hospedaje en otra casa ocurre que, es-
tando ausente Bolívar, viene a visitarle un amigo y compatriota suyo, llamado Félix Amestoy,
el cual, no encontrando al camarada, se tiende
en su hamaca, rendido por el cansancio, y queda
profundamente dormido. Y entonces, en la alta
noche, llega un negro que había sido esclavo de
Bolívar y acribilla a puñaladas a Félix Amestoy,
figurándose que está matando a su antiguo amo.
Cuando luego apresan al asesino y le preguntan
por qué se propuso matar a Bolívar, confiesa
que un judío polaco le había sobornado, y que
durante tres meses estuvo espiando el momento
de cometer su siniestro propósito. Naturalmente, los patriotas atribuirán el asesinato a una
venganza de los españoles. Pero los que conocen
al general Morillo saben que es incapaz de recurrir a semejantes ardides para quitarse de en
medio a un enemigo. Más prudente será buscar
los motivos del lance por otro derrotero. Por el
de las aventuras galantes. No olvidemos nunca

que Bolívar ha nacido bajo el signo de Venus, y
que en las horas más agitadas de su vida, su
naturaleza violentamente sensual ha buscado
siempre entre las faldas de las mujeres las in-
dispensables compensaciones de caricias y de
placer.

Aquí escribe su célebre carta dirigida a un
caballero inglés. Derrotado y huído de Venezuela, dedica sus ocios de desterrado a la tarea de
polemizar con las gacetas españolas que en los
diferentes puntos de América procuran defender
la causa de España del mejor modo que pueden.
Bolívar es muy joven aún y no ha tenido tiempo
de sufrir los duros desengaños de la política.
Años después, cuando enfermo y prematuramente avejentado se vea perseguido por sus enemigos y con toda su obra de político por tierra,
entonces será natural que prorrumpa en desola-
dos augurios sobre el porvenir de las nuevas naciones americanas. Pero Bolívar tiene la rápida
y profunda percepción del genio, y le ha basta-
do un breve contacto con la realidad para comprender el desenvolvimiento de los sucesos en el
futuro.

La célebre carta comienza por una especie de
profesión de fe; su odio a España. Después confiesa su falta de fe en la aptitud de los pueblos
americanos para gobernarse por ellos mismos
dentro de un régimen puro de libertad. Su odio a
España lo funda en las relaciones que Las Casas

hizo acerca de los atropellos y muertes de los
conquistadores, sin considerar que él, Bolívar,
desciende directamente de aquellos conquistadores, los ricos criollos blancos que se quedaron
con las minas, las encomiendas y las grandes
propiedades.

"Los acontecimientos de la Tierra Firme, explica Bolívar, nos han probado que las instituciones perfectamente representativas no son
adecuadas a nuestro carácter, costumbres y luces actuales. En Caracas el espíritu de partido
tomó su origen en las sociedades, asambleas y
elecciones populares, y estos partidos nos tor-
naron a la esclavitud. Y así como Venezuela ha
sido la República americana que más se ha ade-
lantado en sus instituciones políticas, también
ha sido el más claro ejemplo de la *ineficacia de
la forma demócrata federal* para nuestros nacientes Estados. A pesar de este convencimiento, los meridionales de este Continente han manifestado el conato de conseguir instituciones liberales y aun perfectas, sin duda por efecto del
instinto que tienen todos los hombres de aspirar
a su mayor felicidad posible. Pero, ¿seremos
nosotros capaces de mantener en su verdadero
equilibrio la difícil carga de una República?
¿Puede concebirse que un pueblo recientemente desencadenado se lance a la esfera de la
libertad sin que, como a Icaro, se le deshagan
las alas y recaiga en el abismo? Tal prodi-

gio es inconcebible, nunca visto. Por consiguiente, no hay un raciocinio verosímil que nos halague con esta esperanza."

Como compensación a este estado de descreimiento, Bolívar echa a volar su fantasía y sueña con la posibilidad de que llegue a fundarse en el istmo de Panamá la futura capital de la Tierra, como pretendió Constantino que fuese Bizancio la del mundo antiguo. "Esta magnífica posición entre los dos grandes mares podrá ser, con el tiempo, el emporio del universo. Sus canales acortarán las distancias del mundo, estrecharán los lazos comerciales de Europa, América y Asia, y traerán a tan feliz región los tributos de las cuatro partes del globo." Más adelante insiste: "¡Qué bello sería que el istmo de Panamá fuese para nosotros los americanos lo que el de Corinto para los griegos! ¡Ojalá que algún día tengamos la fortuna de instalar allí un augusto Congreso de los representantes de las repúblicas, reinos e imperios, a tratar y discutir sobre los altos intereses de la paz y de la guerra con las naciones de las otras tres partes del mundo! Esta especie de corporación podrá tener lugar en alguna época dichosa de nuestra regeneración..."

Pero no le abandona su pesimismo en cuanto a la aptitud política de las nuevas naciones. "No convengo, dice, en el sistema federal entre los populares y representativos, por ser demasiado perfecto y exigir virtudes y talentos políticos muy superiores a los nuestros. Por igual razón rehuso la Monarquía mixta de aristocracia y democracia, que tanta fortuna y esplendor ha procurado a la Inglaterra. No siéndonos posible lograr entre las repúblicas y las monarquías lo más perfecto y acabado, evitemos caer en anarquías demagógicas o en tiranías monócratas. Busquemos un medio entre extremos opuestos."

Y aquí apunta el ideal político que después le ha de acompañar durante toda su vida. Aquí empieza a construir en su mente el magnífico proyecto, o sueño, de la Gran Colombia, esa nación que pretende hacer surgir como quien dice de la nada para convertirla en el orgullo del mundo. "Su Gobierno podrá *imitar al inglés*, con la diferencia de que, en lugar de un rey, habrá un Poder ejecutivo electivo, *cuando más vitalicio* y jamás hereditario (si se quiere República) ; una Cámara o Senado legislativo *hereditario,* que en las tempestades políticas se interponga entre las olas populares y los rayos del Gobierno, y un Cuerpo legislativo de libre elección, sin otras restricciones que las de la Cámara baja de Inglaterra..."

Bolívar era aristócrata, y a las primeras experiencias de la realidad su espíritu buscaba amparo en los consejos de su origen racial. Comprendió bien pronto todo lo que les faltaba a los jóvenes pueblos, y el tiempo largo que tardarían en adquirir esas facultades políticas que les faltaban. Buscó un término medio entre los métodos aristocráticos y los democráticos, dibujando un tipo de hombre ideal, esto es, un presidente vitalicio y gobernando con inteligente equidad con el concurso de unos senadores hereditarios, probos, nobles y sesudos a un mismo tiempo. ¡Magníficos sueños que el porvenir vendría pronto a desbaratar! En efecto, en las nuevas repúblicas habrá siempre hombres que aspiren a la presidencia vitalicia, pero la buscarán por el camino de la violencia y la convertirán, simplemente, en una forzosa, permanente e inevitable dictadura.

¿Qué hacer mientras tanto? En la frialdad o reserva del ambiente inglés de Jamaica y acosado por la pobreza, ¿tendrá que pedir ayuda a los negros independientes de Haití? El presidente de la flamante y morena República, Alejandro Petión, no sólo accede a hospedar a Bolívar, sino que lo recibe con extremado afecto y le ofrece cuantos recursos tiene a mano. Todos los habitantes muestran la misma disposición de ánimo, por lo que muy pronto la ciudad de Puerto Príncipe se convierte en el punto de cita de los venezolanos que andan huídos de su patria. De esta manera vuelve a convertirse Bolívar en el eje y el árbitro de un grupo considerable de patriotas. Esto es lo que le gusta. Sin esto no puede vivir ya.

Su genio organizador, y sobre todo su profunda cualidad de seducción y de mando, le permiten en poco tiempo captar las voluntades del presidente Petión, el armador de Curaçao Luis Brión y un comerciante de los Cayos nombrado Roberto Sutherland, quienes le han suministrado barcos, armas y dinero. El 31 de marzo de 1816 se da a la vela la flota republicana. La componen un bergantín y seis goletas, y a su bordo van hasta 250 hombres, casi todos ellos oficiales. ¡A la aventura otra vez! ¡A la acción y al peligro de nuevo! ¡Una vez más a jugarse el todo por el todo!...

En la mañana del 2 de mayo he ahí que descubren a la altura de los Frailes, cerca de la isla de Margarita, un bergantín y una goleta de la armada del Rey. ¡Al combate! El enemigo pelea bien y resiste desesperadamente hasta el último momento. El comandante español D. Rafael Iglesias ha muerto en la lucha, y Brión, el de Curaçao, resulta herido. Ya está cumplido el bautismo de sangre de la expedición. Impregnados del olor a pólvora y remolcando a las naves españolas vencidas, los patriotas se presentan en triunfo en el puerto de Juan Griego. Allí viene corriendo el general Arismendi, que manda las fuerzas independientes de la isla de Margarita, y se pone desde luego a sus órdenes. Todo marcha bien hasta ahora.

Inmediatamente el carácter oratorio y espectacular de Bolívar estima necesario lanzar un manifiesto al país. Aunque el país en realidad acepta la situación impuesta por el nuevo estado de cosas y permanece generalmente tranquilo, el Libertador habla y acciona como si, en efecto, toda Venezuela se hallase pendiente de él. Y es que para Bolívar el hecho de la revolución e independeneia de su patria es un fenómeno legal que nada puede ya suprimir; tampoco piensa renunciar al poder supremo, al generalato absoluto con que le han investido en su patria de una vez para siempre. Se ha adjudicado a sí mismo la misión de Libertador, y en esta idea voluntariosa y como fatal reside precisamente su mayor fuerza. Querer con profunda convicción y resolución es lo que distingue al genio.

Por consiguiente, Bolívar hace que Arismendi convoque a los principales habitantes de la isla a una asamblea en la iglesia de Villa del Norte. Es el 7 de mayo. Arismendi explica el objeto de la asamblea, y ésta, con toda formalidad, proclama a Bolívar jefe supremo de las fuerzas y de los destinos de la República, y segundo jefe al general Mariño. Al día siguiente Bolívar publica un manifiesto:

"Venezolanos: He aquí el tercer período de la República. La inmortal isla de Margarita, acaudillada por el intrépido general Arismendi, ha proclamado de nuevo el Gobierno independiente de Venezuela, y le ha sostenido con un valor sublime contra todo el imperio español.

"Nuestras reliquias, dispersas por la caída de Cartagena, se reunieron en Haití. Con ellas y con los auxilios de nuestro magnánimo almirante Brión formamos una expedición que por sus elementos parece destinada a terminar para siempre el dominio de los tiranos en nuestro patrio suelo..."

El estilo grandilocuente de estas palabras está sin duda bastante reñido con la realidad de las cosas. En la expedición marchan muchos oficiales venezolanos y granadinos, franceses reclutados en Haití e ingleses profesionales de la guerra a quienes la caída de Napoleón había dejado ociosos. Muchos de ellos no merecen más que el nombre de aventureros; en otros palpita el más abstinado y noble ideal. Como una expedición aventurera, semejante a las numerosas que estas aguas del mar Caribe han conocido en todos los tiempos, navega, efectivamente, la flota. El 1.º de junio se presenta ante la plaza de Carúpano. Después de una corta lucha, la plaza se rinde. Esto alienta a los patriotas, que ven aumentar su ejército con muchos voluntarios. Es cuando Bolívar, sintiendo la responsabilidad de su misión histórica, procura llevar a la conciencia de todos (como si estuviese hablando al mundo entero) la seguridad de que ha terminado la "guerra a muerte". Esta es una cruel-

dad de que le acusan, un borrón que las gentes
han echado sobre su nombre, y ahora comprende que le interesa sobremanera quitarse la mancha de encima.

Al almirante inglés de la Barbada y al gobernador de la Trinidad les escribe:

"He declarado a la faz de mis conciudadanos
y de mis enemigos, que mi intención es la de
hacer cesar la guerra a muerte y la de hacer
entrar en el orden social estos hermosos países,
que hasta el presente han sido el teatro más
espantoso de la guerra civil y del dominio español."

Pero todas esas levantadas pretensiones de
llevar el orden social a los hermosos países recibirán bien pronto el rudo golpe de la realidad.
Después de varios meses de acciones sin importancia esencial y de rivalidades entre los díscolos y ambiciosos jefes, Bolívar se encuentra en
la playa de Ocumare reducido a una pésima situación. Ha tenido que luchar con la falta de
víveres y con los efectos de una calamitosa desorganización. Y entonces ocurre otro hecho que
volcará sobre su reputación una nueva y gravísima suerte de acusaciones infamatorias. Por
la ligereza o la traición de uno de los oficiales,
el edecán Alzuru, que trae un aviso falso, Bolívar busca precipitadamente amparo en la nave
republicana que está en la rada y huye a alta
mar. En la playa se hacinaban las municiones

y los bagajes en franco desconcierto, y la gente andaba sin disciplina alguna, cuando la noticia que trae Alzuru, de que el enemigo ha cortado la comunicación con las fuerzas patriotas, promueve la general desbandada.

Bolívar salta a una lancha y se refugia en el bergantín *Indio Libre*, que ya había cortado los cables para escapar y dádose a la vela. ¿Cómo deberá explicarse una huída tan precipitada, un abandono tan impropio de un hombre valiente, digno y enérgico? Pero en la vida de Bolívar, sobre todo en sus años de tentativas y de preparación, hay bastantes puntos obscuros, que sus más celosos panegiristas no acertarán nunca a justificar. En este caso, uno de los expedicionarios, Soublette, requerido más adelante para que explique el pánico y la fuga de Bolívar en la playa de Ocumare, dirá algo que, en su forzada vaguedad, acaso nos revele el fondo del suceso:

"La salida del Libertador de Ocumare, el año de 1816, es uno de los acontecimientos más obscuros: yo no me atrevo a referirla, porque mi memoria está sumamente debilitada; sin embargo, haré algunos apuntes con suma desconfianza para que usted los compare con las demás relaciones que tenga y los rectifique. *En este suceso se mezcló el amor*, y usted sabe que Antonio, sin embargo del peligro en que estaba, perdió momentos preciosos al lado de Cleopatra..."

Lo cierto es que Bolívar se encuentra otra vez
reducido a la última necesidad, fracasado de
nuevo, perdida la gran jugada, ¡oh impenitente,
obcecado e infeliz jugador! La gente está a bordo a media ración; en el puerto de Bonaire no
es posible sostenerse, y en Curaçao no lo admi-
ten. Tiene, pues, que lanzarse con dos goletas a
alta mar en busca de alguna costa española en
que poder abastecerse de lo indispensable por la
violencia. Como uno de tantos bucaneros. Como
un corsario cualquiera.

Y en esta especie de actitud de capitán filibustero, asaltando si es preciso la isla de Vie-
ques para apoderarse de víveres a la fuerza,
Bolívar anda errante por el mar Caribe, y se
dirige, al fin, hacia la costa de Paria. Una atracción insuperable del peligro, de la guerra y de
la patria, le lleva con impulso fatal. Desembarca en Güiria, y aquí tiene que sufrir el sonrojo
de verse desobedecido por los principales cabe-
cillas de la insurrección, y vejado y amenazado
por sus rivales. Porque entre los jefes patriotas
se ha manifestado ya el vicio que ha de hacer
de las nuevas naciones de América un invetera-
do campo de guerras civiles. Todos aspiran al
mando supremo. El general Bermúdez, que es-
tando en Haití se había separado de Bolívar y
no quiso incorporarse a la expedición, ahora, en
Güiria, se niega a reconocer la jefatura de Bolívar. Lo mismo hace el general Mariño. A los

disidentes se agrega también Cortés de Madariaga, aquel canónigo de Caracas que el año 1810, cuando la memorable sesión del Cabildo, obligó al capitán general español a dimitir su cargo.

Los hombres de tropa están divididos, los oficiales discuten, y el general Mariño, que tiene envidia de Bolívar y aspira a suplantarlo, se encarga de atizar la disidencia. Hay un enorme movimiento de pasiones en esa tropa compuesta de hombres ásperos, duros de alma y renegridos de color. El general Bermúdez es el más impetuoso y rudo. Es el que con peores modales interpela, acusa e insulta a Bolívar. Casi han llegado a las manos. Y si ellos se trabasen en pelea, ¿no harían igual los soldados y oficiales de uno y otro bando? Esto sin duda es lo que induce a Bolívar a embarcarse. Pero aunque salta apresuradamente al bote, no logra impedir que Bermúdez se abalance contra él, vomitando injurias, gesticulando amenazas, y es preciso que algunos oficiales se interpongan para impedir que allí mismo (Bolívar se ha visto obligado a desnudar su espada) se acometan los dos hombres en un espantoso duelo.

¿Y ahora?... Simón Bolívar, rechazado una vez más por la fortuna, huye de las playas de su patria y enfila el rumbo hacia el solar de su amigo el presidente Petión, árbitro de la frondosa república de los negros.

Por tercera vez se ve obligado a alejarse de

la patria en forma humillante, como un verdadero insurrecto, como un filibustero sin fortuna o un capitán fracasado. Pero el destino ha probado suficientemente el temple de su alma. Ahora, cuando vuelva a pisar el suelo de la patria, será para no retroceder ya más. Ahora vamos a presenciar el magnífico espectáculo de un hombre que con imperioso ademán se eleva hasta el rango de las primeras figuras de la Historia.

XI

CONSTANTE SOÑADOR DE GRANDEZAS

En la ribera del Orinoco. Sobre la corriente majestuosa del gran río, una ciudad: Angostura. Una aglomeración abigarrada de chozas y casuchas de adobes, habitada por gentes no menos abigarradas y de presencia poco brillante. Y la espesa selva de la Guayana alrededor. Con todo, esta ciudad asume la importancia de ser la capital y el núcleo positivo de una república de Venezuela, que existe, que vive verdaderamente, aunque por el momento sea una especie de letra girada sobre el porvenir.

El caso es que Bolívar ha instalado aquí su cuartel general, y aquí opera y se conduce como el árbitro único y absoluto de la nación. Tuvo que empezar por reducir a la obediencia a los jefes disidentes, y el más bravo y temible de todos (acaso también el que inspiraba más celos) fué a su tiempo pasado por las armas. El fusilamiento del general Píar será muy discutido, y los adversarios de Bolívar se lo reprocharán siempre como un pecado. Pero este fusilamiento le servirá a Bolívar para afianzar su autoridad, de modo que en adelante ninguno sienta la tentación de disputarle el puesto de jefe supremo. Todos se han convencido de que hay algo en él que lo convierte en superior. Y si no bastasen otras pruebas, también les ha demostrado que sabe ser implacable y duro hasta la muerte.

Por ejemplo, el general Páez estaba como indicado por la naturaleza para erigirse en caudillo autónomo; es el ídolo de los Llanos y le siguen los valientes y salvajes llaneros que antes hicieron invencible a Boves; lo natural parecería que el joven y valerosísimo jefe reclamase la independencia de acción de su pequeña patria pampera. No hay tal. Páez, al contrario, se somete a la jefatura suprema de Bolívar y pone a su disposición esos batallones de hirsutos lanceros salidos del fondo de las sabanas abrasadas.

La vida es el libro que más aprovecha a la conciencia extraordinariamente vigilante de Bolívar. La vida le ha enseñado el arte que mejor posee: el conocimiento y manejo de los hombres. Virtud singular del carácter nacido para señorear sobre las muchedumbres. Y Bolívar es el hombre que no acepta nunca la posibilidad de situarse en un puesto secundario. Ni en los casos más triviales consiente ser inferior a otro.

Cierto día, Bolívar entregó uno de sus caballos a su primer edecán, Ibarra, para que marchase a llevar una orden a la línea del ejército. El caballo era grande y brioso. Al ir a ensillarlo, por pura broma de campamento, Ibarra apostó con unos oficiales a que saltaría de un brinco el caballo de la cola a la cabeza. Y saltó, en efecto, limpiamente. En aquel momento apareció Bolívar, y viendo el éxito de su edecán, dijo que la hazaña no tenía importancia; que él estaba dispuesto a hacer lo mismo. Y tomando en seguida carrera, pegó un brinco y cayó sobre el cuello del caballo, no sin recibir un fuerte golpe. Retrocedió, volvió a saltar y cayó de nuevo sobre las orejas, dándose otro doloroso golpe. Hay que suponer lo difícilmente que los oficiales disimularían la risa. El amor propio de Bolívar, picado hasta el extremo, le hizo retroceder por tercera vez, contraer los labios, saltar con ímpetu y pasar, por fin, sobre la cabeza del caballo.

Cuando después le digan que hizo una locura, porque comprometió sin necesidad su amor propio, replicará que él no consiente nunca que nadie ose vanagloriarse de hacer lo que él no pueda realizar. Y añadirá que ninguno de estos esfuerzos son inútiles para el hombre de mando, pues el mandar obliga a ser superior a los demás en todas las pruebas de la vida. Este es el único medio de conquistarse un durable prestigio, y si obligatorio para quien ocupa el primer rango en la sociedad, mucho más indispensable aún para quien se encuentra al frente de un ejército.

Su personalidad de caudillo, de guerrero, de libertador de naciones empieza ahora a ungirse con el renombre universal. En Inglaterra y en Alemania se habla de él como de un héroe predestinado. Para la necesidad de románticas figuras a lo Schiller y a lo Byron que siente Europa, y una vez que la estrella de Napoleón ha declinado sobre Santa Elena, Bolívar surge en el momento oportuno. No tardará el Gobierno de los Estados Unidos en enviarle nada menos que un agente diplomático, y será como un reconocimiento formal de beligerancia hecho a la faz del mundo. Y los efectos de esta próspera situación en el plano de la propaganda universal no tardarán en conocerse. Los voluntarios europeos acuden a enrolarse en gran número.

Soldados de profesión que el ocaso de la era napoleónica ha dejado vacantes. Irlandeses sobre todo, fáciles a las rebeliones y a las deserciones. Mercenarios y aventureros que vienen a América atraídos, mucho más que por el ideal de libertad, por el antiguo señuelo de las Indias. A ganar dinero, tierras y grados. Bolívar no les ha escatimado las ofertas. Al momento de engancharse en el ejército libertador recibe cada uno de estos soldados extranjeros 20 dólares, dos dólares diarios de sueldo, ración abundante y 500 duros y la propiedad de un terreno al

acabar la guerra. Al frente de la caballería
extranjera están Heppisley y Wilson, y el regimiento de rifleros y el de artillería lo comandan
Campbell y Gilmour. El general English, com-
pañero de Wellington, aportará después una
división de 1.200 soldados ingleses. El general
Ulzar traerá otra de alemanes. Hasta un total
de 6.000 mercenarios extranjeros.

Los oficiales europeos, habituados a otro género de organización militar, es claro que tienen
que ver con extrañeza muchos de los aspectos
de esta vida criolla que les ofrece la improvisada metrópoli de Angostura. Ellos traen sus uniformes reglamentarios, hacen sus evoluciones
metódicamente y se atienen a una ordenada esca-
la de oficiales, jefes, generales. Entre los criollos, en cambio, reina la más caprichosa libertad.
Hay el general ostentoso que un día se presenta
con uniforme de infantería, al siguiente viste de
dragón, al otro de artillero, al otro de húsar.
En general, los oficiales criollos visten como quieren, o como pueden. Un ancho sombrero de palma les resguarda del sol, y además se rodean la
cabeza con un pañuelo, a la moda de los Llanos.
En cuanto a los soldados llaneros, si es verdad
que no les importa vestir más que un calzón y
un poncho o frazada para cubrirse el cuerpo,
en compensación aman singularmente los arreos
costosos: estribos, hebillas, grandes espuelas y
empuñaduras de plata. La plata que lucir, como

a su hermano el gaucho argentino, es lo que hace el orgullo y la felicidad del hombre de los Llanos.

Por su parte, Bolívar usa chaqueta de paño azul con vueltas rojas y tres hileras de botones dorados, pantalón azul y morrión, semejante al que llevan en Londres los *Dragones ligeros*. En la flexible lanza suele ostentar una banderola en que hay bordada una calavera, sobre dos huesos cruzados, y abajo esta divisa: *Muerte o libertad.*

Es hora de probar sus fuerzas contra las huestes aguerridas del Rey de España. En marzo de 1818, Bolívar se dirige en busca del general Morillo, a quien logra sorprender y encerrar en el pueblo de Calabozo. Tan seguro está de su victoria, o tanta necesidad tiene de desfogar su alma con ampulosos alardes, que expide a Morillo el siguiente excepcional comunicado:

"Nuestra humanidad, contra toda justicia, ha suspendido muchas veces la sanguinaria guerra a muerte que los españoles nos hacen. Por última vez ofrezco la cesación de tan horrible calamidad y empiezo mi oferta por devolver todos los prisioneros que hemos tomado ayer en el campo de batalla. ¡Que ese ejemplo de generosidad sea el mayor ultraje de nuestros enemigos!

"Usted y toda la miserable guarnición de Calabozo caerán bien pronto en manos de sus vencedores, y así ninguna esperanza fundada puede lisonjear a sus desgraciados defensores. Yo los indulto en nombre de la República de Venezuela, y al mismo Fernando VII perdonaría si estuviese como usted reducido a Calabozo. Aproveche usted nuestra clemencia o resuélvase a seguir la suerte de su destruído ejército."

Esta especie de sublime baladronada no alcanzó éxito, porque Morillo salió de su mal paso con una admirable habilidad, moviendo sus fuerzas hacia el pueblo de Sombrero, a través de una tórrida llanura de más de 100 kilómetros, y resistiendo imperturbable las furiosas embestidas de la caballería de Páez. En Sombrero se detiene y hace frente al adversario. Prosigue su heroica retirada, se reúne con su segundo Latorre, y después de penosas y sangrientas jornadas, cuando se ve repuesto y bien situado, entabla combate contra Bolívar y lo derrota en el punto llamado La Puerta, junto al río Semén. El propio general Morillo ha cargado a la cabeza de un escuadrón de artillería volante, empuñando una bandera arrancada al enemigo y vertiendo sangre de una herida de bala que recibe. También Bolívar ha hecho prodigios de valor, pero tiene que huir a uña de caballo y abandonar sobre el campo a 1.000 de sus hombres, entre muertos y heridos. No ha podido salvar ni siquiera la maleta en que guardaba sus papeles personales.

Todavía tiene que andar de una parte a otra,

maltratado por una serie de adversos encuentros,
y en una de estas jornadas, hallándose reposan-
do en su hamaca por la noche, le sorprende un
pelotón realista y está a punto de ser alcanzado
por las balas. Huye otra vez... Pero se equivo-
caría quien le comparase con aquel general Bolívar que reiteradamente veíase obligado a abandonar el suelo patrio. Ahora no piensa en renunciar a nada. Todos estos son percances que cualquier general osado sufre en la guerra. Es ahora,
por el contrario, cuando su mente exaltada concibe y madura los más atrevidos planes. Piensa
en acciones dignas de gigantes. En su refugio de
Angostura, frente a la majestad del ancho Orinoco, está preparando nada menos que la invasión de Bogotá y del rico Perú, hasta llegar
(dice con su énfasis de alucinamiento) al último
confín americano. Se considera positivamente
como el Libertador, pero el Libertador providencial e inexcusable de toda la América española. Y no se contenta con libertar naciones;
aspira además a crearlas. La idea de la gran
Colombia (sólo grandes ideas sabe concebir este
magnífico aristócrata caraqueño) toma ya forma precisa en su mente.

Ante todo necesita convocar un Congreso y
dar un aparato legal a este nuevo estado de cosas que proyecta. Se rodea, pues, de personas
de indudable prestigio civil y procura cumplir
con todas las formalidades de una institución

republicana. Y redacta un **discurso** de apertura que será una solemne declaración en la que se fijen las bases de la constitución política de los nacientes pueblos.

De viaje, tendido en la hamaca en las horas ardientes del día, o dejándose llevar en su barca por la corriente del opulento Orinoco, o descansando bajo los gigantescos árboles de la ribera en la alta noche, Bolívar trabaja en la redacción de su manifiesto. Dicta a su secretario con rapidez y con voz entonada. Tiene la costumbre de pasearse a grandes pasos, nerviosamente, para distraer su incontenible inquietud, mientras cruza los brazos sobre el pecho. Otras veces se le ve apretar el cuello de la casaca con la mano izquierda y poner el índice de la otra mano sobre el labio superior. En esta forma suele expedir sus trabajos, contestar las cartas, redactar los escritos más difíciles, atendiendo hasta a tres secretarios simultáneamente, sin que su atención se disperse o embarulle jamás. Después que dicta una carta, siempre le añade una o dos líneas de su propio puño.

Ya tiene su trabajo concluído. Al llegar a Angostura, flamante capital de la Gran Colombia, señala el 15 de febrero para la solemne inauguración del Congreso. Y a las doce del día, instalados por orden de nombramiento los representantes de la nación, penetra Bolívar seguido de su Estado Mayor y seguidamente somete a la

Asamblea su proyecto de Constitución. La voz,
clara y fuerte, le tiembla, sin embargo, con un
ligero dejo de emoción. Su alma ambiciosa, constante soñadora de grandezas, se figura, y tiene
razón al imaginárselo, que no está hablando para
unos señores casi fugitivos y en un rincón geo-
gráfico insignificante, sino para toda América,
para el mundo entero y para la posteridad. Y
comienza:

"¡Dichoso el ciudadano que bajo el escudo de
las armas de su mando ha convocado la soberanía nacional, para que ejerza su voluntad absoluta! Yo, pues, me encuentro entre los seres más
favorecidos de la Divina Providencia, ya que he
tenido el honor de reunir a los representantes
del pueblo de Venezuela en este augusto Congreso, fuente de la autoridad legítima, depósito de
la voluntad soberana y árbitro del destino de la
nación.

"Cuando cumplo con este dulce deber, me li-
berto de la inmensa autoridad que me agobiaba,
como de la responsabilidad ilimitada que pesa-
ba sobre mis débiles fuerzas. Solamente una necesidad forzosa, unida a la voluntad imperiosa
del pueblo, me había sometido al terrible y peligroso encargo de dictador, jefe supremo de la
República. Pero ya respiro, devolviéndoos esta
autoridad, que con tanto riesgo, dificultad y
pena he logrado mantener en medio de las tri-

bulaciones más horrorosas que pueden afligir a un cuerpo social..."

Sobre este punto de la separación de poderes insiste aún varias veces, como si le conviniera desvirtuar los ataques de los que le atribuyen una consecuente voluntad despótica.

"Apenas se me puede suponer simple instrumento de los grandes móviles que han obrado sobre Venezuela. Sin embargo, mi vida, mi conducta, todas mis acciones públicas y privadas están sujetas a la censura del pueblo. ¡Representantes!, vosotros debéis juzgarlas. Yo someto la historia de mi mando a vuestra imparcial decisión; nada añadiré para excusarla; ya he dicho cuanto puede hacer mi apología. Si merezco vuestra aprobación, habré alcanzado el sublime título de buen ciudadano, preferible para mí al de Libertador que me dió Venezuela, al de Pacificador que me dió Cundinamarca y a los que el mundo entero pueda darme.

"¡Legisladores! Yo deposito en vuestras manos el mando supremo de Venezuela. Vuestro es ahora el augusto deber de consagraros a la felicidad de la República... En este momento el jefe supremo de la República no es más que un simple ciudadano, y tal quiere quedar hasta la muerte... La continuación de la autoridad en un mismo individuo, frecuentemente ha sido el término de los Gobiernos democráticos..."

Después afronta todos los temas fundamenta-

les de un consumado legislador. Es aquí donde
se descubre la honda obra de asimilación que
su espíritu, extraordinariamente despierto, ha
logrado ultimar a través de sus lecturas, de sus
viajes, de sus conversaciones con las personas
superiores. No hay cuestión esencial que no ex-
ponga él con singular competencia en este proyecto. Cómo debe fundarse una Sociedad política; de las causas que acarrean la tiranía; de los
inconvenientes de la constitución federal en Venezuela; de la igualdad política; del Gobierno
republicano; del Senado hereditario; del Poder
ejecutivo; del Areópago; de la esclavitud y de la
guerra; de cómo se forma un gran Estado.

Una ideología del género más levantado resplandece en su discurso, junto a las más prácticas reflexiones. Ese es, en fin de cuentas, su carácter: una mezcla de fugas ideales y de una
visión objetiva de los fenómenos circundantes.
Está lleno de los autores clásicos, de las elocuentes memorias de Grecia y Roma, de los filósofos
franceses e ingleses de los siglos XVII y XVIII. Admira al Montesquieu del *Espíritu de las Leyes,*
y Jeremías Bentham le ha ayudado a reveren-
ciar el sistema político inglés. Un Rey como el
de Inglaterra desea para su patria, pero elegido
libremente por la nación y con el título de Presidente. De pronto, desde la moderna constitución política inglesa retrocede de un brinco hasta la primitiva Roma republicana, y propone,

junto a una Cámara de elección popular, la formación de un Senado hereditario. Será hereditario para que se mantenga independiente de ningún otro poder. Y así el Senado podrá "conservar con gloria, hasta la última posteridad, una raza de hombres virtuosos, prudentes y esforzados que, superando todos los obstáculos, han fundado la República a costa de los más heroicos sacrificios..." Es el lenguaje idealista, solemne y declamatorio que conviene al estilo pseudo clásico de la época. También en la Constitución proclamada en Cádiz el año 12 se establecía que todos los españoles habían de ser en adelante "justos y benéficos". Las crudas exigencias de la realidad habrán de enseñarle a Bolívar, próximo a su muerte, que los pueblos americanos se hallan bien distantes de querer ser regidos por una raza de "hombres virtuosos, prudentes y esforzados". Para la América libre empieza ya la era de los caudillos tiránicos, de los generales ambiciosos.

Pero es preciso que alguien levante la puntería del querer, que alguno sueñe con objetos sublimes, y Bolívar se encarga de soñar por todos. Si en ciertos momentos de su discurso desciende a los más prácticos menesteres de la vida del país, en otros remonta la mirada con una proyección de verdadero alucinamiento. Además, en esta ocasión, y diga lo que quiera ante el Congreso, Bolívar está irrevocablemente convencido

de que la suerte de la nación depende de él, y que
a él corresponde la dirección absoluta y permanente de la obra nacional.

El Congreso le ha nombrado Presidente pro-
visional, con amplias facultades, que equivalen
a la dictadura. Pero aunque Bolívar repite que
tan pronto como termine la guerra concluirá
también su mando, demasiado sabe que la guerra se prolongará mucho tiempo, y que teniendo en su poder al ejército tendrá el dominio absoluto del país. ¿Acaso ha creído alguna vez sincera y profundamente en la democracia pura?
Los que le conocen a fondo saben que no. Por
su naturaleza de aristócrata se siente más cerca de un noble de Atenas que de un convencio-
nal de la Revolución; más próximo a Pericles,
por ejemplo. Proteger al pueblo, dar la libertad
y la dicha al pueblo, pero con el largo ademán
de un noble dictador...

En seguida, con ánimo resuelto, se pone a organizar su plan de campaña a través de los Andes. La imagen de Napoleón, si viva siempre en
su memoria, ahora acude con una fuerza redo-
blada a visitar su espíritu.

XII

AL OTRO LADO DE LOS ANDES

Napoleón manejaba mucho mayor número de hombres cuando emprendió el paso de los Alpes; disponía de elementos de combate mucho mayores, poderosa artillería, bagajes completos, y la expectación del mundo ante la excepcional empresa era extraordinaria. Pero Bolívar se arriesga en un empeño que, en su material inferioridad, no le cede en potencial magnitud. Tampoco cede Bolívar a Napoleón en arrebato y en elevación imaginativa. No le cede en ambición y en sueños de grandeza. ¿No está pensando en él ahora mismo? Digamos más exactamente que nunca ha dejado de pensar en él; que siempre ha contemplado en la intimidad de su recuerdo la imagen de aquel Napoleón que viera una vez en París, aclamado por la muchedumbre enardecida, rodeado del esplendor imperial, o en Italia, cuando en medio de los ejércitos victoriosos hacíase coronar con la corona de hierro de los antiguos Monarcas.

Bolívar, pues, se dispone a cruzar los Andes y caer bruscamente sobre la capital de la Nueva Granada, hiriendo por la espalda al enemigo y obligándole a esparcir sus fuerzas. Al otro lado de los Andes, además, se extienden otros países americanos, ricos y populosos, que es preciso libertar. Porque la ambición de Bolívar no se ciñe al espacio restringido de la patria venezolana; la patria, en realidad, es toda la América de habla española, y mientras España sostenga su bandera sobre algún punto del inmenso continente, Bolívar no accederá a envainar su espada. Esta dimensión de sus ambiciones, este vuelo alto e ideal de sus propósitos, es lo que sobre todo le hace enormemente superior a cuantos le rodean. Los que le rodean poseen apenas un espíritu nacional; con frecuencia sus aspiraciones son simplemente provinciales, como los Arismendi y los Mariño, que operan como señores feudales en la región oriental de Venezuela y en la isla de Margarita, o como Páez, enamorado como el último de los lanceros de su amada "patriecita", la ardiente y auchurosa tierra de los Llanos.

El general Morillo, con un fuerte ejército, ha ido a los Llanos con la intención manifiesta, y bien pensada, de atraer a los independientes a una batalla y desbaratarlos. Ha buscado y provocado el enemigo en su propio terreno, y en esta ocasión resaltan como nunca sus condiciones de buen general, de buen organizador, de hombre hábil y resuelto. Pero el enemigo rehusa un choque decisivo, o siquiera importante. Después de diversas escaramuzas, marchas y contramarchas e infructuosas operaciones, el general Morillo, viendo llegar la estación de las lluvias, se retira a sus cuarteles de invierno. Este es el momento de obrar. Ahora, si no le falla la audacia, puede Bolívar burlar al ejército de Morillo y encaminarse a la cumbre de los Andes.

Primeramente se preocupa de dejar en buen orden todos los asuntos de Venezuela, expidiendo instrucciones acerca de los menesteres más elementales. Y es que su condición de hombre fundamentalmente dictatorial le inclina en cualquier momento a concebirlo y resolverlo por sí mismo todo, y bien comprende, por otra parte, que los demás se encuentran en un plano considerablemente inferior al que su poderosa mentalidad ocupa.

"La rapidez será la divisa de esta campaña", dice en su oficio al Gobierno de Angostura. "No daremos tiempo a Morillo, agrega, para que nos tome la espalda, pues para cuando él pueda emprender algo contra nosotros, ya habremos vuelto sobre él con fuerzas dobles y triples de las que llevamos." Y en esta forma expone el plan de su campaña, con la prolijidad y el talento táctico

de quien, efectivamente, ha estudiado con reconcentrada atención un asunto del que depende la
suerte entera de la guerra.

A los generales que han de permanecer en
Oriente, a Bermúdez, Urdaneta, Brión y Mariño,
les envía también instrucciones tácticas, y no
tiene reparo en dictarles advertencias sobre las
maniobras más corrientes de la milicia. Aunque
el ejército republicano ha adoptado las ordenanzas militares españolas, cada general suele
usar un sistema propio: Bolívar quiere que todas las fuerzas maniobren de igual manera. "El
enemigo, escribe al general Bermúdez, ataca
siempre en columnas cerradas, porque anteriormente se le recibía siempre en batalla. Luego
que lo recibamos en columnas también cerradas
es probable que despliegue en batalla y que cambie de frente para sorprendernos y aprovecharse
de nuestra perplejidad... Hará V. E. que las primeras compañías sean de hombres selectos, para
ponerlas siempre al frente, porque las tres primeras filas deciden regularmente de la suerte de
la columna y aun de la victoria." Por elementales que parezcan estas instrucciones a un militar
profesional, nunca resultan ociosas si se dirigen
a generales que acostumbran a obrar como simples guerrilleros.

Bolívar cumple treinta y seis años al emprender esta campaña. Sus generales son jóvenes
también. Revenga, que actúa de secretario, tiene

treinta y siete años; Soublette, jefe del Estado Mayor, veintinueve; Santander, en la división de vanguardia, veintiocho; Anzoátegui, en la retaguardia, treinta. En cuanto al número y calidad de las fuerzas, en la revista del 26 de mayo desfilan cuatro batallones de Infantería: *Rifles, Barcelona, Bravos de Páez* y la *Legión británica,* con un total de 1.300 hombres; después, los escuadrones *Húsares, Llano Arriba* y *Guías,* con 800 caballos. La víspera de emprender la marcha ha desertado el batallón *Húsares.* No importa. Sin el menor desaliento, más esperanzado que nunca, Bolívar da orden de avanzar.

Y es, sin embargo, como para sentirse amedrentado. Las fuertes lluvias han comenzado a caer sobre las tropas con violencia torrencial. ¿Pero qué es eso todavía comparado con lo que les aguarda en los Andes? La vista de las gigantescas montañas infunde un supersticioso miedo a los soldados de los Llanos, habituados a la extensa planicie de las sabanas verdes. Todos los hombres, aparte los ingleses de la *Legión,* provienen de regiones cálidas, y ahora necesitan soportar el frío, el granizo, la ventisca, la cerrazón huracanada del *páramo,* en esas alturas sin poblaciones, sin abrigo ni provisión de ninguna clase. Tan castigados por las lluvias llegan a Tame, donde les espera el general Santander con su división de vanguardia, que al recibir raciones de sal y de plátanos se consideran todos dichosísimos; venían comiendo desde hace días únicamente carne sin sal. Y Bolívar lo mismo que todos ellos. Bolívar participa de las fatigas y penurias de sus hombres, sin permitirse cualquier mínimo halago a que su condición de jefe pudiera darle derecho. Anima a los caídos, echa pie a tierra para dar ejemplo a los abrumados, y puede decirse que él materialmente empuja al ejército por los pavorosos vericuetos de la cordillera.

El día 27 tropiezan con una fuerza realista de 300 hombres en la posición de Paya. Una tan ventajosa posición, que ella sola bastaría para detener y desbaratar al más grande ejército. Pero el comandante no ha sabido aprovechar la ventaja y cede a Bolívar el paso franco hacia Nueva Granada. Este éxito llena de entusiasmo el alma de Bolívar, que ya no quiere mantener por más tiempo el secreto de sus planes. Dejándose arrebatar por la exaltación, envía inmediatamente una proclama a los habitantes del país que está invadiendo:

"Granadinos: Un ejército de Venezuela, reunido a los bravos de Casanare, a las órdenes del general Santander, marcha a libertaros. Los gemidos que os ha arrancado la tiranía española han herido los oídos de vuestros hermanos de Venezuela, que después de haber sacudido el yugo de nuestros comunes opresores, han pensado en haceros participar de su libertad. De más remotos climas una *Legión británica* ha dejado la patria de la gloria por adquirirse el renombre de salvadores de América. En vuestro seno, granadinos, tenéis ya ese ejército de amigos y bienhechores, y el Dios que protege siempre la humanidad afligida concederá el triunfo a sus armas redentoras.

"Granadinos: Vosotros en los años pasados sucumbisteis bajo el poder de aquellos aguerridos tiranos que os envió Fernando VII con el feroz Morillo. Este mismo formidable ejército, destruído por nuestros triunfos, yace en Venezuela; vosotros solos sostenéis la crueldad de vuestros tiranos; pero vosotros sois granadinos, sois patriotas, sois justos; vosotros volveréis, pues, contra los españoles esas armas de maldición que os habían confiado para que fueseis vuestros propios verdugos..."

Los principales hechos que aparecen en esta proclama sólo existen en la imaginación de Bolívar. El ejército español no ha sido destruído en Venezuela, ni los independientes ocupan más que muy pocos y marginales territorios del extenso país. Pero a Bolívar le interesa agrandar las cosas porque va a penetrar en un pueblo que, efectivamente, permanece fiel a la causa de España. La Nueva Granada ha renunciado a la independencia, y el fundamental interés del Libertador ha de consistir ahora en empujar al pueblo hermano hacia la causa de la libertad americana.

El ejército, en fin, ha pasado al otro lado de los Andes. ¡Pero en qué situación tan maltratada se encuentra! Han ido dejando por el camino bagajes, armas, enfermos, caballerías, y los primeros días hay que emplearlos en coordinar los batallones, recuperar lo perdido, reunir caballadas y buscar alimento. Tienen los Andes a la espalda. Han hecho, como dice Bolívar, lo principal: vencer a la Naturaleza. Por lo pronto se ven en una comarca de fértiles cultivos. El pueblo de Socha, en la provincia de Truija, les provee de víveres frescos y de admirables regalos como el pan, el tabaco y la embriagadora chicha.

En Pantano de Vargas se han encontrado con el ejército realista que manda el general Barreiro. Luchan los dos ejércitos con brava obstinación, y lo hubieran pasado mal los independientes si no es por el brío desesperado de Rondón, que ataca con sus lanceros en el instante más crítico de la batalla, y sobre todo por la disciplina, la tenacidad y el buen orden civilizado con que combate la Legión británica. Después de esta batalla, infructuosa y abundante en pérdidas para ambas partes, los dos ejércitos se encuentran el 7 de agosto junto al río de Boyacá. Y aquí gana Bolívar una de sus más brillantes acciones; la que va a decidir su suerte; la que ha de otorgarle fama de gran general en toda

América. Los realistas han rendido 1.600 prisioneros. El resto ha perecido sobre el campo, y unos pocos hombres buscan en la huída su salvación. El propio general Barreiro queda en manos del vencedor.

Ya no hay más que dirigirse a Bogotá y hacer la entrada jubilosa y clamorosa de los vencedores. En Bogotá no hay nadie que pueda oponer resistencia. El virrey Sámano, decrépito e incapaz, ha huído apresuradamente con su guardia de alabarderos y unos pocos soldados del regimiento de Aragón, abandonando en las arcas del tesoro público medio millón de pesos amonedados y unos cien mil pesos en barras de oro. Y muchas armas y pertrechos de guerra. En el intermedio, aprovechando el abandono de la capital, las turbas se han entregado al saqueo y la devastación. Hasta que la entrada de Bolívar restituye la normalidad.

Pero las pompas triunfales, las fiestas y los homenajes solemnes de los primeros días los convierte pronto el Libertador en actividades prácticas. Se dedica a reclutar y formar nuevos soldados, a robustecer su ejército y también (como si la sombra de su antiguo preceptor Simón Rodríguez se presentase a la hora de la gloria) se preocupa de fundar un colegio para la educación de los hijos de los patriotas muertos en la guerra, cediendo la dirección del colegio a los padres capuchinos. Al mismo tiempo manda confiscar los bienes a los secuaces realistas, sean españoles o americanos, medida cruel que ningún beneficio reporta al erario público, porque brota un intendente desleal que se queda con casi todas las utilidades. En cambio, procede Bolívar con toda corrección al tratar de la suerte de los prisioneros; los cuida decorosamente y solicita su canje legal con los prisioneros patriotas que retienen los realistas.

Infelizmente, tan pronto como Bolívar se ausenta, el general Santander, nombrado comandante de Bogotá, mancilla tan prudentes disposiciones con el más salvaje e innecesario de los asesinatos. El general español Barreiro, militar valiente y pundonoroso, es fusilado en la plaza mayor junto con 38 oficiales. Lo peor es el escenario, el sadismo bárbaro con que se les ejecuta. Desde la prisión hasta el lugar del suplicio tienen que marchar de a cuatro en fondo, cargados con sus grillos, y allí se les fusila por la espalda, como a criminales. Todo esto lo presencia el general Santander desde la puerta del palacio del Gobierno, montado a caballo y rodeado de su Estado Mayor. Extinto el lúgubre eco de la última descarga, el general Santander pronuncia una chocarrera alocución ante la plebe y desfila por las calles principales de la ciudad precedido por una charanga, cantando todos a coro una canción alusiva al fusilamiento.

Este desdichado fusilamiento ha de acarrear

a la causa de los independientes un perjuicio
considerable; pronto no se hablará de otra cosa
en todas partes. El mismo general Santander lo
comprende y procura justificarse ante los ojos
de Bolívar. Aquí está la carta confidencial que
le ha escrito:

"Al fin fué preciso salir de Barreiro y sus
treinta y ocho compañeros. Las chispas me te-
nían loco, el pueblo estaba resfriado y yo no es-
peraba nada, nada favorable de mantenerlos
arrestados. El expediente está bien cubierto;
pero como ni usted (por desgracia de la América) es eterno, ni yo puedo ser siempre gobernante, es menester que su contestación me cubra
para todo tiempo. De ella protesto no hacer uso
sino cuando este remoto e inesperado caso pueda llegar. La gloria de usted, su reputación, su
honor me interesan más de lo que usted imagina. Este señor Barreiro tuvo la bajeza de ofrecer sus servicios a la República como un simple
soldado."

Bolívar responde de una manera oficiosa y un
tanto ambigua. De esta ambigüedad casi se des-
prende el sentido de que, a lo hecho, pecho; y
que, después de todo, no hay para qué hablar
más del asunto...

XIII

MORILLO Y BOLIVAR UNIDOS
EN UN ABRAZO

Mientras Bolívar en Nueva Granada ha conseguido tantos triunfos, en Venezuela los patriotas se han entregado a esa afición insuperable que hará de las nuevas naciones que se vayan formando, y para un tiempo indefinido, un terreno donde la guerra civil florezca con incomparable fecundidad. El general Arismendi, especie de señor feudal de la isla de Margarita, viendo la ausencia del amo, y que tal vez el amo no pueda regresar del embrollo en que se ha metido, se entrega al juego de la conspiración. Ha desobedecido la autoridad del general Urdaneta. Luego, presentándose en Angostura, no le es difícil meter la insubordinación entre los militares, que acaban por deponer al presidente Zea, mísero hombre civil, respetable magistrado concebido por la imaginación ateniense, espartana o romana de Bolívar. La incipiente República criolla no puede digerir estos alimentos civiles. Arismendi se adjudica el título de capitán general de los ejércitos de Venezuela y ejerce de hecho la dictadura. Ha suplantado, pues, a Bolívar.

Ignoraba, sin embargo, el mulato Arismendi la misteriosa pero evidente razón que usa la Naturaleza con los hombres, haciéndolos fundamentalmente distintos e impidiendo que las diferencias puedan ser franqueadas jamás. Esto lo va a comprobar él mismo ahora que Bolívar se acerca a Angostura a marchas forzadas. El general Arismendi, vestido con su mejor uniforme y decorado con todas las insignias imaginables, escucha en la serena tarde el glorioso repique de campanas, las salvas de la artillería, el estrépito de los cohetes; mira sobre el río las barcas empavesadas, las banderas flotando en la orilla, y se figura que todo ese aparato de triunfal regocijo está dedicado a él. Avanza, y su sorpresa crece al observar que nadie hace caso de él, que nadie se fija en sus insignias y arreos brillantes; todos corren a recibir al otro, al auténtico, al investido del supremo y autoritario generalato por la gracia inapelable del propio Destino. "¡Viva Bolívar, vencedor de Boyacá!", pasa gritando la muchedumbre. Y de este modo tan sencillo queda frustrada la ilegal dictadura de Arismendi... Bolívar, que sabe emplear el arte político de pasar por alto los conflictos peligrosos, concluye de desarmar a Arismendi nombrándole jefe del ejército de Oriente.

¡Cuántos festejos después! ¡Qué entusiasmo el de las gentes en Angostura! Gentes fáciles de enardecer por el imperativo de la raza, del clima, pero que además se hallan directamente expuestas al influjo del poderoso fuego que trasciende de la persona del héroe. Lo que ante todo quiere Bolívar es que su sueño de la Gran Colombia quede de una vez para siempre formalizado. Ya no es sueño más que a medias, después que Santa Fe de Bogotá pertenece a los independientes. Reunido el Congreso, aclamado el Dictador por todos los representantes, la ley es aprobada sin objeción alguna. Y una nueva gran nación aparece en el mundo, con un nombre magno, con una extensión gigantesca, abarcando en un haz los territorios tendidos desde el Orinoco hasta Guayaquil, de Panamá a Quito. El dominio sobre tan enorme y complicado territorio no está aun más que en la fantasía de los congresistas de Angostura; pero a Bolívar le basta eso por el momento. Desde luego, la talla de su personalidad ha ascendido considerablemente a la faz del mundo. Antes no pasaba de ser un insurrecto de dudosa fortuna, en tanto ahora es el árbitro de una nación de magnitud abrumadora.

Es verdad que la Hacienda pública presenta un estado deplorable. Los empréstitos ruinosos

menudean, las deudas se multiplican, y el poco
dinero que se recauda es para adquirir pertrechos militares. Los oficiales suelen alcanzar a cobrar unos cuantos duros a cuenta, y los soldados
tienen que contentarse con un real por día. Bolívar comisiona al vicepresidente Zea para que
busque fondos en el extranjero; atiende a todo
con ejecutiva actividad y corre en seguida a
Santa Fe. Después se instala en Cúcuta. Y aquí
goza de un descanso, de una especie de molicie
como hacía mucho tiempo no lograba disfrutar.
Pero en vez de las enervantes y funestas consecuencias del ocio que hicieron fatales a Aníbal
las delicias de Cápua, aquí Bolívar va a recoger
los halagos de la suerte. Y estos halagos se los
va a proporcionar el enemigo mismo.

Por esta época el general Morillo espera refuerzos de España. Y el Gobierno de España, en
efecto, le iba a enviar soldados, armas, municiones de refresco, porque los hombres de la anterior expedición han caído al estrago del clima, tanto o más que al de las batallas, y los pocos que restan se hallan enfermos o desmorali-
zados por la fatigosa y larga campaña. Un nuevo cuerpo expedicionario estaba reuniéndose en
Andalucía. Y entonces se le ocurre al general
Riego sublevar las tropas y proclamar la Constitución.

No es sólo que los refuerzos que necesitaba
Morillo se han quedado en España para siempre;

es que además conoce Morillo a los americanos, y sabe que el respeto con que muchos criollos miraban a España y la admiración supersticiosa que les infundía el Rey, pero el verdadero Rey tradicional, ahora todo eso amenaza venirse abajo. Las libertades que promete la Constitución no conmueven a unos, y tampoco satisfacen los anhelos ambiciosos de los otros. Por eso el general Morillo proclama sin excesivo entusiasmo la Constitución. Pero como ha recibido órdenes en el sentido de explorar los ánimos de los insurgentes para ver de llegar a una avenencia, Morillo accede a tratar con Bolívar. ¡Quién sabe la parte que toma en esta decisión la curiosidad personal del valiente y avezado guerrero!

Los preparativos para la conferencia entre los dos generales no resultan fáciles. Ambos obran con cautela y más que marrulleramente, aunque estén insinuando los dos que desean encontrarse, tantearse y pactar, por lo pronto, un armisticio. El general Morillo da muestras de una fina política, replicando con prudente serenidad a los violentos comunicados que a veces le hace dictar a Bolívar su natural vehemencia. Y al cabo de tantos tanteos por carta y por mensajeros, el armisticio se celebra en la ciudad de Trujillo el 25 de noviembre, firmándose dos tratados, en los que triunfa afortunadamente el espíritu de humanidad. Por el primero se ajusta una tregua de seis meses entre los ejércitos beligerantes, y en

el segundo se establecen las normas de caballe-
rosidad y de buenas costumbres militares por las
que en lo sucesivo han de llevar ambas partes la
guerra. En todos estos trámites y en la fórmula
y concesiones del armisticio Bolívar ha manio-
brado con la mejor política.

Para encontrarse los dos acérrimos adversarios han elegido la aldea de Santa Ana, equi-
distante de ambos campamentos. Es la mañana
del 27 de noviembre; la magnificencia del cielo
de los trópicos luce con excepcional primor; la
Naturaleza, en efecto, parece estar invitando a
los hombres de buena voluntad a palabras y ademanes generosos. El general Morillo avanza con
un número bastante crecido de oficiales y una
pequeña escolta de húsares; pero al enterarse de
que Bolívar acude con muy poca gente, ordena
a los húsares que se retiren. Ya están cerca; ya
se miran frente a frente. Morillo viste su mejor
traje de gala y lleva puestas todas sus insignias,
como el verdadero caudillo que quiere otorgarle
al acto la más grave solemnidad. Bolívar viste
simple casaca azul y gorra cuartelera. ¿Por de-
mocrático desprecio a las pompas oficiales? Pero
si pudiera leerse en el fondo de su alma, des-
cubriríase allí, mejor que nada, una emoción in-
definible, un íntimo regocijo por haber alcanzado el honor de tratar de igual a igual con el
supremo representante del Rey de España, esa
España que desde niño aprendió a aborrecer, y

a la que odia hoy más que nunca, pero por la cual, a pesar de todo, siente un respeto de índole inconfesable.

Los dos hombres han echado pie a tierra y se confunden en un abrazo. Se miran, se examinan con curiosidad, cambian corteses frases de salutación. Pero será preciso confesar que ni uno ni otro hace traición a la solemnidad del momento, y que los dos adversarios rivalizan en sinceras demostraciones de lealtad. Morillo convida a comer a su rival en una casa del pueblo, y durante el cordial banquete todo son halagos, cortesías, risas, brindis, abrazos estrechos. El más entusiasmado resulta Morillo. Véase lo que escribirá a poco desde Carache:

"Acabo de llegar del pueblo de Santa Ana, en donde pasé ayer uno de los días más alegres de mi vida en compañía de Bolívar y de su Estado Mayor, a quienes abrazamos con el mayor cariño. Bolívar vino solo con sus oficiales, entregado a la buena fe y a la amistad, y yo hice retirar inmediatamente una pequeña escolta que me acompañaba. No puede usted ni nadie persuadirse de lo interesante que fué esta entrevista, ni de la cordialidad y amor que reinó en ella. Todos hicimos locuras de contento, pareciéndonos un sueño el vernos allí reunidos como españoles, hermanos y amigos. Bolívar estaba exaltado de alegría; nos abrazamos un millón de veces, y determinamos erigir un monumento para eterna memoria del principio de nuestra reconciliación en el sitio en que nos dimos el primer abrazo."

Y así lo hacen sin más demora. Los oficiales, lo mismo realistas como independientes, eligen una gran piedra cuadrada, la arrastran al sitio señalado y subidos sobre esta propicia base del futuro monumento, Morillo y Bolívar renuevan sus abrazos. Por la noche duermen confiados y seguros en una misma habitación. A la mañana se dicen adiós. Ya no volverán a verse más. Y durante toda la vida Morillo será fiel a su amistad con el Libertador y le recordará siempre con respeto.

El general Morillo entrega el mando en poder del general La Torre y regresa en seguida a España. Es cuando Bolívar, habiendo recibido a los emisarios del Gobierno de Madrid, que vienen a tratar sobre la paz, nombra de su parte a dos emisarios y dirige a Fernando VII la curiosa, podríamos decir que absurda (por no llamarla de otro modo), carta siguiente:

"Permítame V. M. dirigir al trono del amor y de la ley el sufragio reverente de mi más sincera congratulación por el advenimiento de Vuestra Majestad al imperio más libre y más grande del primer continente del universo. Desde que Vuestra Majestad empuñó el cetro de la justicia para los españoles y el iris de la paz para los americanos, se ha colocado V. M. en todos los corazones. Desde aquel día entró V. M. en el sagrario de la inmortalidad.

"Paz, señor, pronunciaron los labios de Vuestra Majestad; paz repetimos con encanto, y paz será, porque es la voluntad de V. M. y la nuestra.

"Ha querido V. M. oír de nosotros la verdad, conocer nuestra razón y sin duda concedernos la justicia. Si V. M. se muestra tan grande como es sublime el Gobierno que rige, Colombia entrará en el orden natural del mundo político. Ayude V. M. el nuevo rumbo de las cosas y se hallará al fin sobre una inmensa cima, dominando todas las prosperidades.

"La existencia de Colombia es necesaria, señor, al reposo de V. M. y a la dicha de los colombianos. Es nuestra ambición ofrecer a los españoles una segunda patria; pero erguida, no abrumada de cadenas. Vendrán los españoles a recoger los dulces tributos de la virtud, del saber, de la industria; no vendrán a arrancar los de la fuerza.

"Dígnese V. M. acoger con indulgencia los clamores de la Naturaleza que por el órgano de nuestros enviados hará Colombia al modelo y gloria de los Monarcas."

Pero todas las negociaciones que se propongan serán ya estériles, porque la independencia de América está demasiado adelantada, y, sobre todo, porque España se ha entregado de lleno a

las discordias políticas. Ya no llegan más soldados españoles al Nuevo Mundo, y los que sostienen la causa de España en América tienen que
recurrir a sus propios medios e iniciativas, dando en muchos casos ejemplo de heroica, de desesperada e inteligente resistencia. La política en
España está en manos de los partidos; ultra-
montanos y masones se hacen ensañada guerra,
y si entre los masones actúan bastantes americanos, éstos, como siempre, trabajan exclusivamente en favor de la independencia de América,
dejando que sus hermanos los españoles se aban-
donen cándidamente al puro culto de las ideas
liberales y puedan ostentar con calor la divisa:
"piérdanse las colonias y sálvense los principios".

Antes de que termine el plazo del armisticio,
y alegando razones precarias, Bolívar reanuda
las hostilidades. En realidad, es porque ha re-
forzado sus tropas y se encuentra en una ventajosa posición. Y porque la índole de su carácter
impaciente, activo, denodado, le empuja a obrar
cuanto antes. El general La Torre, al contrario,
se ve sorprendido por los acontecimientos. En
vano protesta por el desleal incumplimiento de
lo pactado. Bolívar le provoca a la batalla el 24
de junio de 1821 en el campo de Carabobo. El
ejército independiente cuenta 2.500 hombres, y
un poco más el ejército español. Si La Torre da
muestras de una táctica deficiente, Bolívar no

las da mucho mejores. La *Legión británica* decide, al fin, la suerte de la batalla, y el ejército español, completamente derrotado, deja a Bolívar el paso libre para Caracas.

Y esta vez, al regresar con el laurel del triunfo a la ciudad en que se meció su cuna, diríase que por el alma del Libertador transcurren tantas ideas de tierno regocijo como de resentida soberbia. ¡Cuántos dulces y pintorescos episodios ha vivido en esta gentil Caracas de su caprichosa niñez y su anhelante adolescencia! ¡Cuánto ha amado aquí, y cuánto le han amado!... Pero al mismo tiempo, ¿no ha sido Caracas el foco de los envidiosos, de los que se burlaban de sus locas ambiciones, de los que le auguraban un fin desastrado? Ahora que la victoria corona su frente, ¡cómo le gusta entrar a caballo, glorioso y gallardo como un semidiós, abatiendo y afrentando sin palabras, con su sola presencia, a sus cobardes detractores! Las palmas le preceden, los vítores y clamores le rodean, las colgaduras y banderas adornan los balcones; truena el cañón y se lanzan al vuelo todas las campanas. ¡Viva, viva el Libertador!... Verdaderamente hoy es para Bolívar el día de la suprema apoteosis, algo como el premio y coronación de los largos años de tremenda aventura.

Pero esta copa de indecible delicia que la Fortuna ha puesto en sus labios no tendrá poder para cautivar al héroe. Bolívar ha sido empu-

jado hacia la gloria por un dios incontrastable
que ahora mismo, cuando el éxito le sonríe en
Caracas, está brindándole el panorama de una
América todavía sometida al poder español. El
triunfo está aguardando al hombre valeroso que
se atreva a conquistarlo. ¿Y consentirá Bolívar
que otro se le adelante? ¿Dejará que ningún
otro hombre le desposea del título de Libertador
de la América? Abandona, pues, el halago y molicie de su patria natal y corre a presentarse en
Cúcuta, donde radica el Congreso de Colombia.

XIV

EN ALAS DE LA VICTORIA

Ya el dios de la guerra no le volverá la espalda, y desde ahora marchará rápidamente hasta el final que había concebido, hasta enarbolar la bandera de emancipación en el extremo sur del continente. Corre a Cúcuta y aquí le sale al encuentro la discordia política, los forcejeos de los partidos y las disputas de los leguleyos en torno a la nueva Constitución de Colombia. Llenos todos los diputados de las más radicales lecturas idealistas y de doctrinarismos puros, quieren dar a la nueva República de mestizos las leyes que en la tranquilidad del siglo XVIII concibieran los filósofos y enciclopedistas de Inglaterra y Francia. Bolívar trata de intervenir con objeciones que su experiencia y su genio autoritario le dictan; pero nada consigue. La Constitución queda aprobada, entre el alborozo irresponsable de la gente. Y al escuchar las campanas echadas a vuelo, Bolívar, despechado, murmura: "Están doblando por Colombia..."

Pero nada podrá distraer su atención de lo más importante, de lo único importante que, por el momento, queda por hacer en el Nuevo Mundo. Su destino le ordena crear naciones, aunque después tenga que entregarlas en manos de los leguleyos y a la voracidad de los partidos políticos. Para su campaña de Quito necesita organizar un ejército, y esta es la tarea más ardua. Porque los ejércitos americanos suelen reproducir la condición del agua en un cesto; desaparecen con una incomparable facilidad. Los soldados se reclutan en gran número, ciertamente; pero son, por lo general, hombres de no muy robusta consistencia, indios ignorantes o mulatos y mestizos analfabetos expuestos a las enfermedades que las enormes marchas por países ásperos e insalubres les ocasionan, y prontos, además, a desertar las filas en bandada tan pronto como se les aparta del patrio suelo. Por ejemplo, el batallón *Rifles* consumirá, desde su creación en el año 1818 hasta su llegada a Quito, cuatro años más tarde, nada menos que 22.000 reclutas. Y no serán las balas del enemigo, naturalmente, las que ocasionen tan gigantesco número de bajas.

El ejército está ya formado y toma el rumbo del Sur, hacia esa comarca de Pasto donde una gente excepcionalmente belicosa mantiene la causa de España con invencible obstinación. Sabiendo Bolívar que los valerosos pastusos están influídos por el obispo de Popayán, dirige a éste una carta que el propio Maquiavelo celebraría con una sonrisa de asentimiento. Bolívar sigue siendo volteriano; pero su genio político le advierte que no hay que desaprovechar ningún medio que pueda conducir a los fines.

"Cuando nuestros Gobiernos republicanos, por su demasiada liberalidad, parecían amenazar a la Iglesia, a sus ministros y aun a las leyes santas que el cielo nos ha puesto para nuestra dicha y salvación, V. S. I., con algún género de temor, prefería la obediencia de un Gobierno absoluto y fuerte a un Gobierno laico por su naturaleza y también frágil por su estructura.

"La revolución de España ha pesado tanto en la balanza de este equilibrio religioso, que todo el temor se ha cargado sobre la conciencia de los españoles europeos, y toda la seguridad se ha venido a la conciencia de los republicanos de América. V. S. I. puede informarse por los recién venidos de España cuál es el carácter antirreligioso que ha tomado aquella revolución; y yo creo que V. S. I. debe hacernos justicia con respecto a nuestra religión con sólo echar la vista sobre esa Constitución que tengo el honor de dirigirle, firmada por el santo obispo de Maracaibo.

"El ilustrísimo señor arzobispo de Lima ha

dado un grande ejemplo de esta misma sumisión
a nuestro sistema, y el ilustrísimo señor obispo
de Puebla, tío del señor general Itúrbide, es el
motor único del gran trastorno que ha sucedido
en Méjico. Aquel obispo era más adicto a Fernando VII que V. S. I. mismo: él fué uno de los
peores enemigos de la Constitución, mucho más
aún de las insurrecciones; pero al ver brotar del
fondo del infierno un torrente de maldición y de
crímenes, arrollarlo y asolarlo todo en la Iglesia española, el obispo de Puebla no pudo salvar
la suya sino poniendo el mar entero entre Méjico y España.

”Si V. S. I. estuviera en comunicación con el
Gobierno español y hubiera recibido esas fulminaciones atroces dictadas por el desenfreno de
una impiedad sin límites, V. S. I. sería otro obispo de Puebla...”

Un guerrero admirable acompaña a Bolívar
en esta marcha hacia el Sur: el general Sucre.
Preclaro hijo de la hermosa ciudad de Cumaná,
noble de raza, caballero y valeroso siempre, él
será en adelante el más cumplido colaborador de
Bolívar, el que mejor le ayude a vencer las dificultades y el que ha de cerrar en el campo de
Ayacucho, con el más generoso ademán, la guerra de América.

En marzo de 1822 emprende Bolívar la campaña de Quito. Triunfa en Bomboná. El 24 de
mayo gana Sucre la batalla de Pichincha, que

abre a los patriotas las puertas de Quito. Aquí también el entusiasmo de la población adquiere formas de la más pomposa apoteosis, de la más delirante alegría. Y seguidamente el Libertador declara la incorporación de la antigua presidencia de Quito a la República de Colombia.

Pero hay un territorio sobre la costa del Pacífico cuya posición ambigua es inquietante. La ciudad de Guayaquil, con su comarca, se había declarado independiente del poder español y se encuentra ahora indecisa y en litigio entre el Perú, que la reclama como suya; Colombia, que la exige por razones geográficas y políticas, y el partido propiamente local, que intenta crear un pequeño Estado autónomo. Bolívar no tiene la costumbre de vacilar cuando se le interpone un obstáculo particularista. Se ha propuesto redondear el plano de la Gran Colombia que está con tanto ahinco trazando, y Guayaquil no debe perturbar por más tiempo sus grandiosos planes estatales y geográficos. Se presenta, pues, en Guayaquil. Y nada más que presentándose, la ciudad, soberbia y agitada días antes, se ofrece sumisa a sus pies. Y en este crítico momento asoma por la bahía el barco en que navega el general San Martín, el magnífico protector del Perú.

En el Perú conservan las armas de España una respetable fuerza todavía, y la venida de San Martín puede explicarse muy bien diciendo

que le trae el deseo de concertar la colaboración
del ejército colombiano en la guerra contra los
españoles. Este es el motivo oficial y público.
Pero hay sin duda otros motivos más fuertes y
que no se revelan al exterior. Desde luego, la
suerte de la guerra ha puesto en contacto a dos
naciones que estaban muy separadas; ha hecho
que se encuentren en un punto del camino dos
soldados ambiciosos, dos dictadores habituados
a mandar sin réplica, absolutamente, y dos hé-
roes que con igual fuerza conocen el placer
supremo de la gloria más clamorosa. Recuerdan
a los antiguos conquistadores españoles, cuando
dos caudillos tropezaban en el mismo punto,
viniendo de direcciones opuestas, celándose el
uno al otro y encubriendo lo mejor que pueden
sus secretas intenciones.

¿Reñirán los dos poderosos generales? ¿Quién
de ellos se sobrepondrá al otro? Bolívar, apenas
sabe que San Martín está en la rada, envía sus
edecanes a cumplimentarlo, y él mismo en persona pasa a ofrecerle sus saludos a la goleta
Macedonia. Dos días nada más permanece en
Guayaquil el protector del Perú; dos días que
transcurren en medio de honores ostentosos,
fiestas públicas, homenajes y banquetes. Y en
privadas y largas conversaciones entre los dos
grandes generales.

¡Cuán distintos los dos por el carácter, el origen y las ideas! Los dos son astutos y marru-

lleros cuando hace falta; pero a Bolívar le vence a lo mejor la vehemencia y el ímpetu de un alma voluntariosa, mientras que San Martín es siempre el hombre frío que todo lo calcula. San Martín ha nacido pobre, hijo de un obscuro oficial del ejército español, en un obscuro rincón del territorio de las Misiones, allá en las soledades del río Uruguay, en tanto que Bolívar es un hijo de marqués y de una de las familias más influyentes y ricas de Caracas. Bolívar es criollo puro, americano por antonomasia; en sus venas corren las sangres de todos los conquistadores vascos, castellanos, andaluces, canarios, sin que falten siquiera unas gotas de sangre de color; San Martín es americano sólo por accidente, por la única razón de nacimiento. De rancia estirpe de castellanos, desde pequeño ha vivido y se ha educado San Martín en España como corresponde al hijo de un oficial pobre; se ha hecho oficial en los colegios militares de España y ha combatido como bueno en la guerra contra los franceses. Hasta que las propagandas políticas de las logias masónicas lo han envuelto en sus maquinaciones y le han inducido a desertar del ejército de España para ofrecer su espada al Gobierno de Buenos Aires. Bolívar es el aristócrata que nunca ha sabido contar el dinero; el dinero, como la vida, es la cosa que se toma y se gasta sin pensar en el ahorro. Malbarata su enorme fortuna personal, liberta a más

de mil esclavos que por herencia poseía, regala
a parientes y amigos su propiedades, su oro,
hasta las coronas y joyas que le tributan los
pueblos, y sólo una vez se ha decidido a abusar
de su crédito omnipotente, cuando pide a su
patria de Venezuela 14.000 pesos, no para apro-
vechárselos, sino para sufragar las deudas y los
apuros de su familia. Por su parte, San Martín
es el hombre previsor que se preocupa de reunir
para mañana y que atesora, efectivamente, un
saneado capital, aunque después un banquero
venal de Londres le defraude y arruine miserablemente.

Ambos se sienten grandes. Por lo mismo no
caben en un mismo campo de acción. Alguno de
los dos tiene que retirarse. Y cede el campo el
más sensato y abnegado, ¿o el más débil?, de
los dos. San Martín se vuelve al Perú, y de allí,
por Chile y Mendoza y Buenos Aires, marchará a
Europa a envejecer en la obscuridad de su destierro de Francia.

Al momento, y sin demasiadas contemplacio-
nes, Bolívar resuelve el pleito de Guayaquil, y
la ciudad con su territorio queda incorporada a
la República de Colombia. Mientras tanto, antes
de alejarse para siempre, San Martín había
dejado constituída en Lima una Junta de gobierno, formada por el general José de la Mar, Don
Felipe Alvarado y el Conde de Vista Florida.
Esta Junta se considera tan fuerte, o siente por

Bolívar tal sospecha o tal resentimiento, que devuelve a Guayaquil los batallones colombianos que Bolívar enviara como ayuda. En mal hora se ha sentido altanera la Junta de gobierno de Lima. Los españoles están acometiendo con mucho brío y gran fortuna. En el combate de Torata, el general Valdés derrota completamente al ejército patriota del Sur que manda el general argentino Alvarado, y a los dos días, incorporándose a Valdés la tropa de Canterac, que ha cruzado los Andes en una rápida marcha de 260 leguas, los españoles aniquilan en Moquegua un ejército independiente de más de cuatro mil soldados. Lima abre sus puertas al general Canterac, y a la llegada de los españoles, con esa facilidad para cambiar de amor y de postura que ha de singularizar a los peruanos, la población distinguida de la rica ciudad de los suntuosos virreyes, lo mismo que la muchedumbre, todos extreman su adhesión a España. Poco después, una defección del sargento Moyano, mulato venido con las tropas argentinas de San Martín, entregará la plaza del Callao a los españoles.

El Gobierno del Perú, bien se comprende, ha llamado con precipitación y en términos de la mayor humildad a Bolívar. El 7 de agosto embarca el Libertador en Guayaquil. Y pasa a actuar en una nueva y decisiva etapa de su vida, en un país, el Perú, que con sus esplendores y molicie, con su fácil sensualidad y sus descon-

certantes variaciones políticas, habrá de consu-
mir el ardiente y trabajado organismo del grande hombre.

El grande hombre sabe ser grande en todo, lo
mismo en la práctica exagerada del placer que
en la superación de las dificultades. Aquí su
genio organizador se muestra de nuevo admirable. El Perú le ha entregado el supremo poder,
la Dictadura, y es así, con el dominio absoluto
del dictador, como él está acostumbrado a accio-
nar; sólo sintiéndose dueño absoluto de sus
acciones es como acierta a cumplir sus empresas
más comprometidas. Los cambios políticos que
acaban de ocurrir en España vienen a favore-
cerle de singular modo. Los cien mil hijos de
San Luis han devuelto el poder absoluto a Fernando VII; pero han originado la guerra civil
entre las fuerzas españolas del Perú. El Virrey
La Serna y los generales Canterac y Valdés son
constitucionalistas; el general Olañeta, que manda en las provincias del Alto Perú, es absolu-
tista y se ve apoyado por varios generales y
altos jefes. La hostilidad pueden ocultarla cierto tiempo. Hasta que tienen que recurrir a la
fuerza de las armas, y el general Valdés triunfa
de Olañeta en La Lava.

Todo esto aprovecha, naturalmente, a Bolívar
y le hace apresurar los preparativos de una
batalla que sea resonante y decisiva. Y lanza,

como siempre, su inflamada y ampulosa proclama.

"¡Soldados! Vais a completar la obra más grande que el cielo ha podido encargar a los hombres: la de salvar un mundo entero de la esclavitud.

"¡Soldados! Los enemigos que vais a destruir se jactan de catorce años de triunfos: ellos, pues, serán dignos de medir sus armas con las vuestras, que han brillado en mil combates.

"¡Soldados! El Perú y la América toda aguardan de vosotros la paz, hija de la victoria; y aun la Europa liberal os contempla con encanto, porque la libertad del Nuevo Mundo es la esperanza del Universo. ¿La burlaréis? ¡No! ¡No! Vosotros sois invencibles."

En el campo de Junín, Bolívar arroja sus escuadrones contra el enemigo y les conduce al más brillante de los éxitos. Es una batalla de extraño aparato caballeresco, porque en todo lo largo del choque y por una suerte de singulares circunstancias no se ha disparado un tiro; sólo se oye el grito alarmante de las cornetas y el chasquido de los sables y las lanzas, el galope de los caballos y las exclamaciones de los heridos.

Los realistas han sido derrotados, pero no aniquilados. Cuentan en el Perú con muchos partidarios, y para nutrir sus batallones, los jefes españoles, que utilizan casi exclusivamente sol-

dados del país, disponen de abundantes elementos. Pero la fortuna se ha hecho del todo com-
pañera del Libertador, y así es como un perverso
hado conduce al virrey La Serna a comprome-
ter la causa de España en el Perú a la suerte
de una batalla campal. El 9 de diciembre de 1824
el ejército realista queda derrotado en Ayacucho. El caballeroso general Sucre es el que dirige
y gana la batalla. ¡Todo terminó! La América
es libre... Aun resistirá algún tiempo y porfia-
damente el general Olañeta en el Alto Perú, ais-
lado del mundo y como un jabalí acorralado.
Todavía tardará en entregar la plaza del Callao
el general Rodil, ese carácter de acero que reproduce en América la heroica contumacia de
Palafox. Cuando le comunican la orden de rendirse, según las estipulaciones de la capitulación
de Ayacucho, responde: "Que capitulen ellos, ya
que se han dejado vencer. Mientras tenga yo
pólvora y balas, no quiero tratos con el enemigo." Y así resiste año y medio, viendo cómo los
ataques, la peste y el hambre van reduciendo los
2.900 soldados con que se encerró a sólo 300. En
esto, durante una tregua, desde los barcos de
comercio que anclan en la bahía le comunican
la verdad: se ha quedado solo en América y
España ni se acuerda de él... Unicamente entonces el magnífico Rodil accederá a entregar la inútil fortaleza.

¡La América es libre! Al recibir la carta del

general Sucre en la que le comunica el éxito rotundo de la batalla de Ayacucho, Bolívar arroja su dormán al suelo, en uno de sus acostumbrados arrebatos, y se pone a bailar por la habitación ante la perplejidad de sus oficiales, gritando: ¡Victoria! ¡Victoria! ¡Victoria!

Sí. La empresa de quince años ha terminado. El laurel del vencedor ciñe la frente del héroe. Ahora vivirá las horas más gloriosas de su vida. Ahora también su naturaleza, que no conoce el ahorro ni la contención, se entregará a la aniquiladora acción de la gloria. El Perú, con sus dádivas de amor y de sumisiones, se encargará de acelerar el agotamiento de su organismo y de sus reservas espirituales. El Perú pone a sus pies el gobierno absoluto de la nación, la Dictadura suprema, como el país que estaba habituado a la autoridad plena y suntuosa de los virreyes. Tan completa y entusiasta es la sumisión del Perú, que en las iglesias, al tiempo de oficiar, entre la epístola y el evangelio, cantan los fieles:

> De ti viene todo
> lo bueno, Señor;
> nos diste a Bolívar;
> gloria a ti, gran Dios.

> ¿Qué hombre es éste, cielos,
> que con tal primor
> de tan altos dones
> tu mano adornó?

Lo futuro anuncia
con tal precisión,
que parece el tiempo
ceñido a su voz...

En la quinta de la Magdalena, cerca de Lima, donde mora, ¡a qué infatigables batallas de amor se entrega el glorioso guerrero! Bien es verdad que nunca, hasta en los períodos más azarosos de su vida, en medio de sus más penosas campañas o en los trabajos de la política y de la administración, ha cesado de tributar un intenso culto a Venus. Algunas de sus queridas se han hecho famosas. En este momento, en sus horas exaltadas del Perú, doña Manuela Sáenz, casada en Quito con el médico inglés Thorne, es la que se ha posesionado del corazón del héroe. Cuentan que la han visto cabalgar sobre brioso corcel, vistiendo como un hombre dormán rojo, con brandenburgos de oro y pantalón bombacho de cotonía blanca, y seguida de dos lanceros colombianos. Su marido, el inglés, pertinaz enamorado, le envía fuertes regalos en dinero y cartas suplicantes; ella suele devolverle el dinero y escribirle contestaciones como esta:

"¿Y usted cree que yo, después de ser la querida de este general por siete años, y con la seguridad de poseer su corazón, preferiría ser la mujer del Padre, del Hijo, del Espíritu Santo, o de la Santísima Trinidad? Si algo siento es que no haya sido usted mejor para haberlo dejado. Yo sé muy bien que nada puede unirme a él bajo los auspicios de lo que usted llama honor. ¿Me cree usted menos honrada por ser él mi amante y no mi marido? ¡Ah! Yo no vivo de las preocupaciones sociales, inventadas para atormentarse mutuamente. Déjeme usted, mi querido inglés. Hagamos otra cosa: en el cielo nos volveremos a casar, pero en la tierra no..."

Conoce, como pocos privilegiados han podido conocer en igual medida en la Historia, la embriaguez del éxito, el sabor de la gloria universal, el sentirse hombre culminante en la atención del mundo. Todos vuelven hacia él las miradas. Le invisten de un prestigio como de semidiós, y los Gobiernos de las nuevas naciones le envían mensajes de acatamiento, mezcla de admiración y de respeto supersticioso, mientras en Europa le contemplan como a un nuevo Cronwell que podrá, cuando quiera, ceñirse la corona de un dilatado imperio. Prefiere fundar Estados. El Alto Perú toma su nombre: Bolivia. Y él le dicta una Constitución al nuevo Estado, le da leyes y lo encamina, sellado para siempre con su nombre y con su espíritu, rumbo a la posteridad.

Conoce y vive profundamente el delirio de la grandeza, y hasta la fortuna le concede la dicha de tener por escenario de sus proezas a los Andes y de ganar sus batallas a la sombra del gigantesco Chimborazo. Por eso no se contiene

ante ninguna idea, ni ante la más desproporcio-
da. Un día le presentarán un proyecto de canali-
zación para unir el Atlántico con el Pacífico, y
lo estudiará detenidamente, lo prohijará con
entusiasmo, y sólo la fuerza de la guerra, des-
viando su atención hacia otro lado, le hará
abandonar el imponente proyecto. Otro día con-
vocará en Panamá a todas las nuevas naciones
en un magnífico Areópago que haga de la América española un colosal Imperio capaz de opo-
nerse a las posibles tentativas de Europa y de
contrarrestar el poder de los Estados Unidos y
del Brasil. O sueña con expulsar a la tiranía del
Paraguay e incorporar este territorio a las Provincias Unidas del Plata. O pretende descender
al Río de la Plata para libertar al Uruguay del
despotismo de los brasileños.

Todo su ser está vibrando, trémulo por la
extraordinaria exaltación y trágico a la vez por
el presentimiento de una inevitable, de una fatal derrota.

XV

LA FATAL ATRACCIÓN DEL DESPOTISMO

Ahora, rápidamente, llegará el declive. Ahora empieza a recoger el fruto de su siembra de repúblicas, de constituciones, de grandes naciones libres. Toda la América española libertada del poder de los virreyes se ha convertido en un volcán, en una merienda de negros. Y la tempestad de la guerra civil, de la insurrección de las ambiciones personales, de la discordia desencadenada envuelve a Bolívar y lo derriba al suelo, es decir, al fondo de la calumnia vil, la injuria soez, el complot homicida. El hombre que en las batallas nunca supo cubrirse ante las balas enemigas, ahora tendrá que temer al puñal asesino de sus propios compatriotas.

Y se verá defraudado en lo que más ama y en lo que constituye precisamente la esencia y el objeto de su vida. Defraudado en el ideal. Ver que sus sueños de libertad y de creación de pueblos, sacándolos, especie de nuevo Dios inspirado, de la nada, han sido falsos. Toda su vida de doctrinario, de lector de filósofos dieciochescos, de grandilocuentes evocaciones grecorromanas, todo se le desplomará con alucinante rapidez. Eso ha sido antes: un alucinado del heroísmo y de la gloria; ahora el alucinamiento se ennegrecerá con el tinte de la tragedia.

Había tomado entre las manos un continente sujeto a orden y medida, cimentado en una razón de categorías y de rangos armónicos. Un continente gigantesco, excesivo, desproporcionado, que la prudencia y el hábito de cerca de tres siglos había conseguido defender y fijar contra la oposición de la misma naturaleza, sosteniéndolo firme mediante un régimen sistemático de castas, de obediencia y respeto, de protección, de patriarcalismo. Miró todo eso como la representación exacta del despotismo, y lo combatió —retardado Quijote de la edad de la Enciclopedia y del cabello peinado en coleta— con una furia de la más auténtica estirpe americana; ahora verá aquella sociedad, fuertemente constituída, cómo se deshace en el desorden y en la anárquica incoherencia. Asistirá horrorizado a la insurrección de los apetitos personales, a la rebelión localista de los pueblos, al desenfreno de los leguleyos, a la tendencia montaraz de los generales hechos demasiado aprisa, mientras la igualdad de castas y razas, hecha también demasiado rápida y prematuramente, produce el efecto de un terremoto social. Si antes existía un tirano, desde ahora todos se sentirán con derecho a serlo "¡He arado en el agua!" Tal será el amargo grito que la realidad de los acontecimientos desencadenados arrancará al alma desfalleciente de Bolívar.

Bolívar tiene el alma partida en dos siglos. Es cierto que el carácter de su actividad cae dentro del tono del siglo XIX; pero toda su ideología pertenece al siglo XVIII. Se ha nutrido de la substancia del siglo de las luces y tendrá que hacerse responsable hasta el final de todas sus exageraciones. Cree sin vacilar en los derechos naturales del hombre, en la bondad esencial de la naturaleza humana, en la acción como divina de la libertad y en la tendencia hacia el bien, la justicia y el progreso por intermedio de la razón y la cultura. Cree en los milagros de la ilustración; cree a ojos cerrados en el poder maravilloso de la pedagogía, y que no existe problema o conflicto social que la educación no pueda resolver o vencer. Recuérdese cómo inmediatamente después de la victoria de Boyacá se apresura, como primer ejercicio de poder, a fundar una escuela. Todo el siglo XVIII está entero y latente en su ser. Hasta el odio que siente contra España ha sido formado con todas las displicencias, todos los enconos y rencores de ese siglo verdaderamente antiespañol.

Y ahora, en el ocaso de la vida, la necesidad

le obligará a traicionar al mundo dieciochesco de sus ideas. ¡Ah! ¡Penosa contribución pagada a la vejez! ¿Por qué la Naturaleza nos exige tan doloroso sacrificio? Todo aquel ademán arrogante e ilusionado que el hombre joven mantenía ante la vida, el viejo lo habrá de rectificar después. Incurrirá, desengañado e irritado, en el más claudicante reaccionarismo. La vejez se le adelanta a marchas forzadas. Se siente físicamente arruinado, con los cabellos grises, las arrugas hondas, el rostro sumido. Ha tenido que afeitarse el bigote y lleva el pelo corto. Su brío natural le mantiene todavía activo, erguido, vivaz y fogoso; pero en lo profundo nota la progresiva agonía de la declinación. Y entretanto los años no le han enseñado a dominar su temperamento extraordinariamente impresionable. Conserva la misma aguda y casi enfermiza sensibilidad de la primera juventud. El último de los folicularios consigue sacarle de quicio con sus ataques; le irritan o alarman los artículos de los más despreciables periódicos, las calumnias más deleznables de la oposición; quiere contestar a todos y escribe, en efecto, artículos de periódico, manifiestos y proclamas con igual nerviosidad que al comienzo de su vida pública.

El destino se complacerá, además, en castigarle por el lado que más le pueda doler. Venezuela, su patria bien amada, se niega a aceptar la idea nacional de la Gran Colombia, y es precisamen-

Carta autógrafa de Bolívar a su secretario Santana

te la idea en que Bolívar ha puesto mayor tesón, orgullo y esperanza. Venezuela, considerándose la primera en el sacrificio y la que más ha trabajado por la emancipación, no admite el lugar subalterno ni la dependencia a Bogotá que el concepto centralista del Libertador le ha designado. En cuanto la vida del Libertador se extinga, Venezuela romperá los lazos que de mala gana la unen a Nueva Granada, destruirá la obra de la Gran Colombia y se erigirá para siempre en nación aparte. Pero no aguarda la muerte del héroe. Ahora mismo está fraguándose una conspiración que el general Páez encabeza. Hay motines, formación de Juntas, acuerdos francamente revolucionarios y secesionistas, y hubiera estallado una encarnizada guerra civil si no acierta a llegar pronto el Libertador y a echar sobre el incendio que comenzaba todo el peso de su enorme prestigio personal.

Bolívar abandona Lima y se dirige a Bogotá, y de aquí corre a presentarse en Venezuela. Se acabó. Toda posibilidad de guerra civil se ha desvanecido ante el imperio, como supersticioso, de ese hombre imponente. El general Páez, ese astuto llanero que vacila entre su ambición de caudillo supremo de Venezuela y su respeto cordial y admirativo por el Libertador, ha lanzado en seguida un manifiesto que aspira a borrarlo todo.

"Cesaron todos nuestros males: el Libertador,

desde el centro del Perú, oyó nuestros clamores y ha volado a nuestro socorro. El viene para nuestra dicha; no para destruir la autoridad civil y militar que he recibido de los pueblos, sino para ayudarnos con sus consejos, con su sabiduría y consumada experiencia, a perfeccionar la obra de las reformas... ¡Venezolanos!, olvidad vuestros males: el gran Bolívar está con nosotros."

Y Bolívar, que se encuentra en Coro y ha leído el manifiesto del marrullero Páez, le escribe:

"¿Qué podré yo hacer como ciudadano? ¿Cómo podré yo apartarme de los deberes de magistrado? ¿Quién ha disuelto a Colombia con respecto a mí y con respecto a las leyes? El voto nacional ha sido uno solo: reformas y Bolívar. Nadie me ha recusado; nadie me ha degradado. ¿Quién, pues, me arrancará las riendas del mando? ¡Los amigos de usted, usted mismo! La infamia sería mil veces más grande por la ingratitud que por la traición. No lo puedo creer... No es posible, general, que usted me quiera ver humillado por causa de una banda de tránsfugas que nunca hemos visto en los combates. No pretenda usted deshonrar a Caracas, haciéndola aparecer como el padrón de la infamia y el ludibrio de la ingratitud misma. ¡Qué no me deben todos en Venezuela! ¿Hasta usted, no me debe la existencia?... Crea usted, general, que a la sombra del misterio no trabaja sino el crimen. Yo no quiero nada para mí; así usted lo será todo sin que sea a costa de mi gloria, de una gloria que se ha fundado sobre el deber y el bien... Adiós, mi querido general. Yo parto mañana para Puerto Cabello; allí espero la respuesta de usted. Puerto Cabello es un gran monumento de su gloria. ¡Ojalá que allí se alce tanto que pase la mía! Este voto es sincero, porque no tengo envidia de nadie."

Al llegar a Puerto Cabello publica, el 1 de enero de 1827, un decreto de paz y de olvido. Bolívar ya no es aquel que mandó ejecutar al general Píar en los tiempos enérgicos de Angostura. Ahora se siente viejo, blando y con una invencible tendencia al pesimismo. Perdona a todos, tanto por espíritu de conciliación como por una inconfesada debilidad, y al general Páez le reitera el cargo de jefe superior de Venezuela, con plena autoridad militar y civil. Y en una proclama que publica a los pocos días declara generosamente (o políticamente): "Ahoguemos en los abismos del tiempo el año de veinte y seis; que mil siglos lo alejen de nosotros, y que se pierda para siempre en las más remotas tinieblas. Yo no he sabido lo que ha pasado. Colombianos, olvidad lo que sepáis de los días de dolor, y que su recuerdo lo borre el silencio..."

Bolívar hace el día 10 de enero su entrada triunfal en Caracas, en una especie de clamoroso Domingo de Ramos, que conmueve hasta lo pro-

fundo de su alma impresionable, tan presta
siempre a dejarse seducir por las brillantes ma-
nifestaciones de la gloria. Pero pronto necesita
tropezar con la realidad más desalentadora. En
cuanto se detiene a examinar los distintos ramos
de la administración sólo torpezas y concupis-
cencias descubre. Casi no hay una ley que normalmente se cumpla en Venezuela. La Universidad de Caracas arrastra una existencia preca-
ria; lo mismo les sucede a las escuelas. La renta que se recaudaba para manumitir a los esclavos se invierte en otros extraños menesteres. La
agricultura y la ganadería ya no son ni sombra
de lo que fueron bajo el gobierno de España. Las
Aduanas litorales casi no rinden nada al Estado. En la contaduría de Caracas no se han exa-
minado todavía las cuentas de la Aduana de la
Guayra correspondientes a 1825, y las de 1826
están sin presentar. Todo marcha por este mismo camino. Y en los departamentos las cosas
aun van muchísimo peor. El general Salom, al
encargarse del gobierno de Cumaná, confiesa no
haber hallado "un medio real en cajas". Es preciso que Bolívar, durante los seis meses de su
gobierno personal en Venezuela, use medidas
enérgicas (y desde luego nada constitucionales)
para que pueda llegar a pagarse el presupuesto
de 1827.

El 4 de julio sale de Caracas con dirección a

Bogotá. Y esta vez será para no volver ya nunca
a su patria bien amada...

"Vuestros sufrimientos, les dice a sus compatriotas al marcharse, me llamaron a Colombia
para emplear mis servicios en restablecer el orden y la unión entre vosotros. Mi más grato deber era consagrarme al país de mi nacimiento;
por destruir a vuestros enemigos he marchado
a las más distantes provincias de América; todas mis acciones han sido dirigidas por la libertad y la gloria de Venezuela, de Caracas. Esta
preferencia era justa, y por lo mismo debo pu-
blicarla. No penséis que me aparto de vosotros
con miras ambiciosas. Yo no voy a otros departamentos de la República por aumentar la extensión de mi mando, sino por impedir que la
guerra civil que los destruye se extienda hasta
vosotros. Tampoco quiero la Presidencia de Colombia, tan envidiada por otros colombianos. Yo
os prometo que luego que la Gran Colombia sea
convocada y ejerza su benéfico dominio sobre
vuestra felicidad, me veréis siempre en el suelo
de mis padres, de mis hermanos, de mis amigos,
ayudándoos a aliviar las calamidades públicas
que hemos sufrido por la guerra y la revolución.
¡Caraqueños! Nacido ciudadano de Caracas, mi
mayor ambición será conservar este precioso título: una vida privada entre vosotros será mi
delicia, mi gloria, y la venganza que espero tomar de mis enemigos..."

Todos estos sueños de una vida sosegada en el seno de la amistad están condenados a desvanecerse. Es el hombre predestinado. La vida de lucha y de exaltación que le marcó desde el principio el destino se ha de cumplir hasta el fin, hasta el mismo instante de la muerte. ¡No hay reposo para Bolívar!

Marcha, pues, a Bogotá y se encuentra con que tiene que habérselas con trabajos y hostilidades apremiantes y terribles. En las provincias del Sur la situación es tan deplorable como en Venezuela. La insurrección, el separatismo y la francachela administrativa parecen formar un estado normal, y hace ya bastante tiempo que los comisionados de la municipalidad de Quito declaraban que "casi no hay un ciudadano satisfecho de las leyes de Colombia"; que "las rentas nada producen, ni se han pagado en los últimos cinco meses las listas civil y militar"; que "la seguridad individual es ilusoria"; que "la industria fabril, único elemento de riqueza en el Ecuador, se encamina a su ruina". Y los comisionados terminan diciendo que "la voluntad de estos pueblos es que S. E. el Libertador Presidente *se perpetúe en el gobierno supremo*, bien como Presidente vitalicio, o como sea de su superior agrado.

Es una aspiración que los pueblos recién emancipados sienten, en efecto, cada día con mayor insistencia. Es como si echasen de menos la autoridad del Rey y el poder virreinal. Flagrante confesión de los pueblos que coincide completamente con el pensamiento íntimo del Libertador. Bolívar está más que nadie convencido de que las flamantes naciones recién libertadas son incapaces de hacer un uso prudente de su libertad. Y ahora los acontecimientos van a arrastrarle a actitudes despóticas que se hallarán de acuerdo con ese pesimismo que, como avanzada de la muerte próxima, está invadiendo su alma.

La ciudad de Guayaquil ha declarado que reasume su soberanía y dispone entregar su suerte a Bolívar. Bolívar consigue contener este movimiento separatista; pero la anarquía retorna tan pronto como el Libertador se aleja del sitio. Es decir, que sólo la presencia de Bolívar puede mantener quietos y ordenados a los pueblos; en cuanto esta providencial presencia desaparece en el horizonte, los pueblos se reintegran a su cuotidiana situación anárquica. El ejército colombiano que estaba en el Perú se ha sublevado contra sus generales, y el pueblo de Lima hace lo mismo a continuación. No contentos con sublevarse, los cinco batallones colombianos salen de Lima y desembarcan en Guayaquil, la ciudad siempre dispuesta a la insurrección. Efectivamente, el pueblo de Guayaquil se amotina y cuesta·no poco trabajo y bien sensibles claudicaciones por parte del Gobierno de Bogotá el resolver tan penoso y enmarañado conflicto.

Lo peor es que a Bolívar le ha salido un temible contrincante. El 10 de septiembre entra Bolívar en Bogotá y al punto se posesiona de la Presidencia. Pronto también puede darse cuenta de que la opinión está dividida en dos partidos. Uno de ellos se titula *partido liberal,* y lo dirige el vicepresidente Santander; el otro, ¡oh sarcasmo de la caprichosa suerte!, se llama *partido godo,* y tiene por jefe al propio Bolívar. Es decir, precisamente al hombre que ha destinado su vida entera a combatir contra los *godos.* Santander, el lucido contrincante que se ha adjudicado el nombre siempre ventajoso de *liberal,* prepara las cosas tan bien contra Bolívar, el jefe de los *serviles* o *godos,* que el 2 de abril de 1828 consigue reunir la Convención de Ocaña, especie de gran Parlamento Constituyente, donde los santanderinos se entregan a una hábil y ruda campaña oposicionista. La Convención de Ocaña ha servido para precipitar los acontecimientos. Es decir, para concluir de arrastrar al Libertador a las actitudes más decisivas, o sea más fatales.

Bolívar, mientras tanto, permanece en su retiro de Bucaramanga, procurando ocultar un pensamiento que participa tanto de perplejidad como de temor. En una carta a Briceño Méndez exclama: "Es tanto lo que me atormenta la vil suposición de que yo tengo miras personales, que estoy resuelto y aun desesperado por irme, para probarles lo contrario; y aun haría más si fuera necesario: quizá, quizá si alguna vez me voy y de mi vuelta depende la vida de Colombia, la deje perecer, por no mandar, y aun la condenaría a la nada para que se viera que nada quería... Yo me iré, y a mil o dos mil leguas resonarán los alaridos espantosos de la guerra civil, y no volveré, ciertamente, la quinta vez a un país de donde me han expulsado indignamente tantas veces."

Y al último se realiza lo inevitable. Los partidarios de Bolívar, combatidos y asediados por el partido liberal y federalista de Santander, abandonan Ocaña, dan por disuelta la Convención y expiden desde el vecino pueblo de La Cruz un manifiesto al país. De todas partes responde el país idénticamente: que se entregue el mando supremo del Estado, en la República unida, a S. E. el Libertador Presidente.

El cual, presentándose en Bogotá el 24 de junio, asume el gobierno supremo y suspende prácticamente el régimen constitucional. Entonces se le ve lanzarse a una especie de delirio reaccionario, como si el profundo pesimismo que venía inundando su alma decepcionada estallase de pronto en una serie de leyes que verdaderamente justifican el título de *serviles* y *godos* que han dado los adversarios a sus amigos. Queda derogada la ley que suprimía los conventos menores; también se suspende la ley que prohibía en los conventos de regulares la admisión de novicios antes de la edad de veinticinco años. Las fuerzas del ejército permanente, que la ley de 1827 fijaban en 9.980 hombres, se hace ascender a 40.000 soldados. Se ordena organizar las milicias auxiliares. Y que se observe la ordenanza española de 1768 en todo lo referente al fuero militar. En fin, por primera vez en su vida de gobernante habla oficialmente el Libertador de la religión del Estado, proclamando en un decreto que el Gobierno sostendrá y protegerá "la religión católica, apostólica, romana, como la religión de los colombianos". Y al día siguiente nombra al arzobispo de Bogotá miembro del Consejo de Estado. En una proclama que, a modo de justificación, dirige al país, termina con esta especie de desolado grito:

"¡Colombianos! No os diré nada de libertad, porque si cumplo mis promesas, seréis más que libres, seréis respetados. Además, bajo la dictadura, ¿quién puede hablar de libertad? ¡Compadeceos mutuamente del pueblo que obedece y del hombre que manda solo!"

Es cuando los secuaces de Santander recurren al sistema tan antiguo como la misma tiranía: el asesinato. Se forma una conjuración en regla, y una noche, marchando sigilosamente, los comprometidos asaltan la casa del Libertador... Pero dejemos referir el episodio a uno de los conjurados, Florentino González:

"Reunidos en casa de Vargas Tejada, resol-

vimos arrostrar todos los peligros, tomar a viva
fuerza los cuarteles de Vargas y Granaderos y el
palacio del dictador, y apoderarnos de la persona
de éste, vivo o muerto, según fuese posible, en
medio de la lid en que íbamos a entrar. Doce
ciudadanos, unidos a veinticinco soldados, al
mando del capitán Carujo, fuimos destinados a
forzar la entrada del palacio y coger vivo o
muerto a Bolívar. Iba con nosotros D. Agustín
Horment, francés de origen, quien fué el primero que, arrojándose a la puerta del palacio, hirió
mortalmente al centinela y franqueó el paso a
los que le acompañábamos. Entramos inmediatamente, sin otra resistencia que la del cabo de
guardia, quien recibió una herida mortal, después de haber dado un sablazo al heroico joven
Pedro Celestino Azuero... Subí primero la escalera, y con riesgo de mi vida desarmé al centinela del corredor alto, sin herirle. Quedó libre
el paso y seguimos a forzar las puertas que con-
ducían al cuarto de Bolívar, guiados por el valiente joven Juan Miguel Acevedo, que había
tomado el farol de la escalera para alumbrarnos.
Cuando hubimos forzado las primeras puertas,
salió a nuestro encuentro, en la obscuridad y
desvestido, el teniente Andrés Ibarra, a quien
uno de los conjurados descargó un golpe de sable en el brazo, creyendo que era Bolívar. Iba
a secundar el golpe, pero Ibarra gritó, y yo detuve al agresor, habiendo conocido a aquél en la

voz. Zuláibar y Azuero empezaron a gritar vivas a la libertad, y Bolívar, alarmado, y sospechando lo que sucedía, se arrojó a la calle por una ventana, y fué a ocultarse debajo de un puente del río San Agustín. Cuando rompimos, pues, la puerta de su cuarto de dormir ya Bolívar se había salvado. Nos salió al encuentro *una hermosa señora, con una espada en la mano,* y con admirable presencia de ánimo y muy cortésmente, nos preguntó qué queríamos. Correspondimos con la misma cortesía, y tratamos de saber de ella en dónde estaba Bolívar. Alguno de los conjurados llegó poco después y profirió amenazas contra aquella señora, y yo me opuse a que las realizara, manifestándole que no era aquel el objeto que nos conducía allí. Procedimos a buscar a Bolívar, y un joven negro que le servía nos informó que se había arrojado a la calle por la ventana de su cuarto de dormir. Nos asomamos algunos a aquella ventana, que Carujo había descuidado de guardar, y adquirimos la certidumbre de que Bolívar se había escapado. Vi que se había frustrado nuestro plan, y me dirigí a la calle para escaparme con los otros."

Por si la narración, un poco jactanciosa, de uno de los conjurados puede resultar, por interesada y partidista, insuficiente, oigamos a esa hermosa señora que con una espada en la mano y dando admirables pruebas de serenidad se presenta en el instante crítico de la dramática escena. No es otra que Manuelita Sáenz, la amante predilecta del Libertador en los últimos seis años. Oigámosle hablar en su propio estilo desaliñado y gracioso:

"Me hizo que le leyera durante el baño; desde que se acostó se durmió profundamente, sin más precaución que su espada y pistolas, sin más guardia que la de costumbre, sin prevenir al oficial de guardia ni a nadie, contento con que el jefe de Estado Mayor, o no sé lo que era, le había dicho que no tuviera cuidado, que él respondía. Serían las doce de la noche cuando latieron mucho dos perros del Libertador, y a más se oyó algún ruido extraño que debe haber sido el chocar con los centinelas, pero sin armas de fuego por evitar ruido. Desperté al Libertador, y lo primero que hizo fué tomar su espada y una pistola, y tratar de abrir la puerta; lo contuve y le hice vestir, lo que verificó con mucha serenidad y prontitud. Me dijo: *¡Bravo!; vaya, pues, ya estoy vestido, y ahora, ¿qué hacemos? ¿Hacernos fuertes?* Volvió a querer abrir la puerta y lo detuve. Entonces me ocurrió lo que le había oído al mismo general un día. *¿Usted no dijo a Pepe París que esta ventana era muy buena para un lance de éstos?* Dices muy bien, me dijo, y fué a la ventana. Yo impedí el que se botase, porque pasaban gentes; pero lo verificó cuando no hubo gente y porque ya estaban forzando la puerta. Yo fuí a encontrarme con ellos para darle tiempo a que se fuese, pero no tuve tiempo para verle saltar ni para cerrar la ventana. Desde que me vieron me agarraron y me preguntaron: *¿Dónde está Bolívar?*... Con esto se enfadaron mucho y me llevaron con ellos, hasta que encontré a Ibarra herido; y él desde que me vió me dijo: *¿Conque han muerto al Libertador? No, Ibarra, el Libertador vive...* Al oír pasos de botas herradas me asomé a la ventana y vi pasar al coronel Férguson (noble y fiel irlandés, edecán de Bolívar) que venía a la carrera de la casa donde estaba curándose de la garganta; me vió con la luna, que era mucha; me preguntó por el Libertador, y yo le dije que no sabía de él, ni podía decirle más por los centinelas, pero le previne que no entrara, porque lo matarían. Me contestó que moriría llenando su deber. A poco oí un tiro: éste fué el pistoletazo que le tiró Carujo, y además un sablazo en el cráneo (dejándole muerto). Para no ver curar a Ibarra me fuí hasta la plaza de la Catedral, y allí encontré al Libertador a caballo, hablando con Santander y Padilla, entre mucha tropa que daba vivas al Libertador" (1).

---

(1)   Carta al general O'Leary, fechada en Paita a 10 de agosto de 1850.

XVI

PASION Y MUERTE DEL HEROE

¿Se resolverá por último Bolívar a ceñirse la corona de Rey? Esta es la interrogación que ocupa las mentes de sus numerosos admiradores de todo el mundo. En Europa le siguen con creciente expectación; comprenden que se halla en el instante peligroso en que todas las fuerzas de la insinuación le estrechan el cerco y le empujan hacia lo irreparable; y todos sus admiradores del mundo le han amado precisamente porque personificaba el ideal de libertad, el gesto redentor frente a la tiranía y el espíritu de los tiempos viejos. Si vencieran esas fuerzas de la insinuación ambiciosa, si accediese a ceñir una corona, Bolívar caería de ese pedestal de gloria al que le ha encumbrado la admiración del mundo para sumarse al número de los grandes aventureros históricos. Demasiado lo sabe él. Por eso rechaza indignado a cuantos le proponen la realeza. Prefiere el título nada más de Libertador.

¿Nada más? Pero es un título que vale por todas las coronas del mundo.

¡Si los años de juventud y de vigor no hubieran pasado tan pronto! A los cuarenta y cinco años se siente tan sin energías como un hombre de sesenta. La tisis que ha heredado de su madre está haciendo estragos en su organismo. "Una calma universal, o más bien una tibieza absoluta, me ha sobrecogido y me domina completamente..." Demasiado comprende que en semejantes circunstancias, cuando la voz exacta de la Naturaleza le está descubriendo el secreto de su breve vida, mejor que en coronas le conviene pensar en la postura con que ha de trasladarse y quedar fijo en el fondo de la Historia.

La sombra de Napoleón le persigue también en este caso. ¡Genial y funesto precedente! Los que le adulan le enfrentan con el espectro del extraordinario corso, invitándole a imitarlo, y los que le admiran desde lejos temen que, efectivamente, se deje arrastrar por el mismo camino que condujo a Bonaparte al trono. ¿Pero qué hay de semejante en los dos vencedores? La genialidad, el don de vencer en la guerra y la virtud de conmover y dominar a las muchedumbres les son comunes. Y no más. Bonaparte es el tipo auténtico del aventurero que nada es por sí mismo, sino por la oportunidad de las circunstancias; es el obscuro extranjero que se engancha en el ejército de la Fortuna y llega, trepando, al puesto de la cabecera. Bolívar recuerda más bien a César. Bolívar es el patricio que nace grande y principal por derecho propio y sin pedir ayuda a la oportunidad. Nace para mandar. Es cesarista legítima y naturalmente. Y por lo mismo, aunque en el fondo le halague y le tiente la idea, no se apresura a coronarse Rey. Después de todo, hace bastantes años que está ejerciendo de Emperador. Como César. Lo mismo que César, Bolívar es el Dictador por naturaleza y por antonomasia.

A continuación del frustrado asesinato en la noche del 25 de septiembre de 1828, Bolívar se deja caer por la pendiente de la reacción, empujado por los interesados consejos de sus amigos y por su deseo de salvar la obra de la Gran Colombia. Y también por la ruina de su organismo, por la vejez que avanza, por el negro pesimismo que invade su mente. Puesto que en la conspiración capitaneada por Santander han intervenido muchos estudiantes y algunos catedráticos de Bogotá, un decreto manda reformar los estudios universitarios, empezando por suprimir los tratados de legislación de Jeremías Bentham (el autor fervorosamente amado por Bolívar en los años juveniles), porque, según explica el ministro, "contienen, al lado de máximas luminosas, muchas opuestas a la religión, a la moral y a la tranquilidad de los pueblos, de lo que ya hemos recibido primicias dolorosas". En lo sucesi-

vo, los estudiantes deberán asistir por uno o dos
años a una cátedra de fundamentos y apología
de la religión católica romana, de su historia y
de la eclesiástica, "procurando que sea el tiempo
bastante para que los cursantes se radiquen en
los principios de nuestra santa religión, y puedan así rebatir por una parte los sofismas de los
impíos, y por otra resistir a los estímulos de sus
pasiones..."

¡Se acabó! Aquel sol brillante que abrasó al
Nuevo Mundo con su fuego y extendió sus ful-
gores hasta los horizontes más remotos, ahora
marcha tristemente a su ocaso. Todos los ademanes de la juventud le han fallado. Y en esta
ocasión es cuando arrecia en torno la maquina-
ción monárquica. Es verdad que la idea de República ya no inflama los espíritus como antes;
en Francia han vuelto a reinar los Borbones, y
los Estados Unidos no son todavía, por su mo-
destia, un motivo de admiración para nadie. La
posibilidad de establecer la Monarquía en América no produce, pues, ni asombro ni repugnan-
cia. Son muchos los que confían en que un Rey
constitucional, un Rey venido de alguna estirpe europea prestigiosa, serviría para ahogar los
gérmenes de disolución que están haciendo in-
alcanzable la vida ordenada y segura de las nuevas naciones. Se ha perdido la fe en la capacidad
política de los criollos. Y Bolívar es el más desengañado de todos. Bolívar quisiera, en efecto,

que un Rey venido de Europa gobernase en Colombia, pero que reinase precisamente como un Monarca constitucional inglés. Y que él, Bolívar, conservase entretanto vitaliciamente el puesto de Dictador, para pasar luego a la historia con el único título de Libertador.

Contra este natural egoísmo del grande hombre trabajan, sin embargo, sus secuaces, que aspiran ante todo a conseguir sus fines de poderío a la sombra del héroe. El héroe transformado en Rey salvaría la unidad de Colombia, inutilizaría al partido federal y daría el mando permanente a los conservadores. Ya desde 1825 había tramado el general Páez en Venezuela una especie de complot monárquico, en su odio a los *curiales y letrados* que capitaneaba Santander. Bolívar se apresuró a condenar el intento. "Yo diré al general Páez, escribía, que debe temer lo que Itúrbide padeció por su demasiada confianza en sus partidarios, o bien debe temer una reacción horrible de parte del pueblo, por la justa sospecha de una nueva aristocracia destructora de la igualdad. Esto y mucho más diré para borrarles del pensamiento un plan tan fatal, tan absurdo y tan poco glorioso. Plan que nos deshonraría delante del mundo y de la Historia; que nos atraería el odio de los liberales y el desprecio de los tiranos; plan que me horrorizaría por principios, por prudencia y por orgullo." Estas últimas palabras reflejan de un modo definitivo el pensamiento de Bolívar con relación a la corona real.

Ahora estamos en 1829 y la campaña monarquista cobra un acento mucho más vivo. Los progresos que hace la implacable enfermedad en el Libertador aumentan el miedo y la impaciencia de los amigos, quienes consideran con exactitud que el único vínculo de la Gran Colombia es el héroe, débil ya y caduco. Miran a venezolanos, granadinos y quiteños odiarse cordialmente; cómo cada elección de presidente o vicepresidente ocasiona motines, y cómo, en fin, los infinitos caudillos locales mantienen latente el espíritu de revuelta. Consideran todo esto, y en su desolación de republicanos defraudados ponen su esperanza en una Monarquía constitucional, a condición de que Bolívar mande en ella, lo poco que le queda por vivir, con el título de Libertador Presidente; pero que, desde luego, se llame a un príncipe extranjero, quien se erigirá en primer Rey, con derecho a transmitir el trono a sus descendientes.

Pero las negociaciones no resultan tan fáciles como parecían al principio. ¿A qué gran dinastía de Europa se encargará un príncipe adecuado? No hay que pensar en uno de esos principillos que tanto abundan en los pequeños Estados alemanes. Se desea un Monarca prestigioso. Que no pertenezca a la Casa Real de España, desde luego. Un príncipe francés sería muy bien

acogido, si no fuera porque Inglaterra se opone
en absoluto a la intromisión de Francia en el
Nuevo Continente. Y Francia, por su parte, no
consentiría en proporcionar un Rey a Colombia
por su amistad y respeto a España, que aun no
ha renunciado oficialmente a sus legítimos derechos. Y tampoco el Gobierno de Londres se presta a ceder uno de sus príncipes. Así es como queda descartada, por último, la idea de una Monarquía en Colombia.

Todo, mientras tanto, marcha a su término,
conducido de la mano de la fatalidad. Centralis-
tas y federales riñen sus luchas más terribles
en presencia de un hombre que se ve rápidamente empujado hacia el sepulcro. ¡Tremenda agonía
del hombre que lo ha podido todo, que está acostumbrado a dominar las más grandes tormentas
y que ahora siente que las fuerzas le fallan, que
los hombres le traicionan! Ha tenido que sufrir
el dolor y el despecho de que el general La Mar
invada Colombia con las tropas del Perú; el general Sucre, con fuerzas inferiores, ha batido
fácilmente a los peruanos. Pero en seguida es
Venezuela la que reclama la separación de Colombia, sin aguardar a que el héroe termine sus
días. Y será el general Páez quien ampare la rebelión, quien niegue al héroe y desnude su espada contra él. Y Venezuela, la patria y el amor
de Bolívar, será la encargada de vituperar, abo-

rrecer y despedir como a un ser peligroso y despreciable a su propio hijo. La ciudad de Puerto Cabello pide que el nombre de Bolívar "sea condenado al olvido".

Ya no le queda otro recurso que el destierro. Marcharse. ¿Y adónde se marchará ese pobre cuerpo flaco y triste? ¿A Europa? ¿Tal vez a Jamaica? Imagina y planea su viaje con esa febril ilusión, en cuyo fondo se oculta el pánico, peculiar a los tuberculosos desahuciados. Desea huir de su patria y de la muerte. Pero en Cartagena tiene que detenerse y esperar a que sus parientes de Caracas quieran o puedan remitirle los fondos que ha solicitado, porque se da el caso, por cierto bien original, de que este hombre que ha nacido en la opulencia, que ha tenido bajo su poder los caudales de cinco naciones, que ha rechazado el donativo de un millón de pesos fuertes que le brindara el Perú, ahora se encuentre tan pobre y miserable de dinero como de salud.

En esto le llega la terrible noticia. El general Sucre, aquel modelo de caballeros, el noble vencedor de Ayacucho, el joven héroe todo esperanza y energía, ha sido asesinado cobardemente, obscuramente, en la soledad de Bernecos, allá en Bolivia. El golpe destroza el alma del Libertador y apresura el avance de la enfermedad. Su vida está inexorablemente arruinada. Por eso, a los que le instigan a volver a Bogotá para hacerse cargo de la Presidencia, les responde con lúcida y aterradora amargura:

"Todas mis razones se fundan en una sola: no espero salud para la patria. Este sentimiento, o más bien esta convicción interior, ahoga mis deseos y me arrastra a la más cruel desesperación. Yo creo todo perdido para siempre, y la patria y mis amigos sumergidos en un piélago de calamidades. Si no hubiera más que un sacrificio que hacer y éste fuera el de mi vida, o el de mi felicidad, o el de mi honor, créame usted, no titubearía. Pero estoy convencido de que este sacrificio sería inútil, porque nada puede un pobre hombre contra un mundo entero; y porque soy incapaz de hacer la felicidad de mi país me deniego a mandarlo. Hay más aún: los tiranos de mi país me lo han quitado; así yo no tengo patria a quien hacer el sacrificio."

Ni siquiera puede apresurar la marcha al extranjero, porque carece de los más elementales recursos. El dinero no llega. De Cartagena se traslada a Soledad y Barranquilla. El 1 de diciembre desembarca en Santa Marta y tienen que transportarlo a tierra en una silla de brazos. Está flaquísimo y desfalleciente, con una nerviosidad inquieta que produce angustia a cuantos le miran. La voz sale ronca, y una tos profunda y constante le hace arrojar esputos viscosos y de tinte verdoso. Digiere mal. Los cabellos se le han enrarecido y aparecen grises, lacios, sobre la frente descolorida. Se ha encogido su cuerpo hasta parecer un hombre chiquito. El médico francés Reverend y el cirujano de una fragata norteamericana, Mac-Night, auscultan al enfermo y pronuncian el irremediable diagnóstico: tuberculosis pulmonar y la muerte para dentro de pocos días.

Los aires del campo le sentarían bien. Y el destino, en efecto, le juega al gran enemigo de España la última irónica partida. Lo conducen para morir a la finca precisamente de un hacendado español: la quinta de San Pedro Alejandrino, propiedad de D. Joaquín de Mier.

Ya no se moverá de junto a la tierra. Adiós definitivamente a la vida de actividad y de victoria. La altanera águila caudal habituada al vuelo sobre las gigantescas cimas de los Andes, yace ahora con las alas vencidas, miserable despojo de vejez y de desengaño que la tierra aguarda impaciente. Adiós a los sueños de triunfo y poderío. No más apoteosis clamorosas en las ciudades empavesadas, ni aquel galopar entusiasta bajo la solemne eminencia de los volcanes humeantes, ni aquel surcar los ríos majestuosos, ni aquellas embriagueces de los amores gustados con alegre frenesí entre dos batallas.

Un grupo de generales y coroneles le rodea, únicas reliquias de las antiguas muchedumbres admiradoras. Gente ruda que mata como puede el ocio de la espera, contando anécdotas, recordando los días de aventura y expresando a su manera tosca de soldados su dolor. Cuando el médico anuncia al general Mariano Montilla que el Libertador está condenado a morirse pronto, el bravo guerrero, montando en repentina cólera y dándose puñadas en la frente, prorrumpe en un formidable ¡carajo!, y al punto se echa a llorar como un niño...

"¡Vamos, muchachos...!" Es Bolívar que rompe el silencio de la noche con sus gritos de delirio. ¡Patética obsesión del alma que quiere huir, ambiciosa de otros horizontes más serenos, de otros hombres más generosos, y siente que la tierra le ase con argolla invencible! "¡Vámonos, vámonos!... ¡Esta gente de aquí no nos quiere!... ¡Vamos, muchachos! ¡Lleven mi equipaje a bordo de la fragata...!"

Es verdad. Por fin ha podido embarcarse en la veloz fragata que no retorna nunca. El 17 de diciembre de 1830, a la una del día, Simón Bolívar sale de viaje para la inmortalidad. Antes de alejarse, el cura de Matocos, esa humilde aldea de indios que está ahí al lado, le ha tomado confesión y le ha puesto en las manos un crucifijo.

Dejemos ahora hablar a los hombres. Oigamos la voz de un compatriota, Juan Antonio Gómez, gobernador de la provincia de Maracaibo, que comunica la noticia al ministro del Interior en los siguientes términos:

"Anoche ha llegado a esta ciudad el capitán inglés Pil Riton en la corbeta de guerra *La Rosa,* procedente de Jamaica, y salida el 6 del presente de aquella isla. Trae por noticias la confirmación de la muerte del general Bolívar en la villa de Soledad, provincia de Cartagena; de cuyo acontecimiento no hay ya la más pequeña duda, pues todos los informes y noticias sobre el particular son cónsonos. Un acontecimiento de tanta magnitud y que debe producir bienes innumerables a la causa de la libertad y al bien de los pueblos es el que me apresuro a comunicar al Gobierno por el conducto de V. E. y por medio de un oficial que sólo lleva esta comisión. Bolívar, el genio del mal, la tea de la discordia, o mejor diré, el opresor de su patria, ya dejó de existir y de promover males que refluían siempre sobre sus conciudadanos. Su muerte, que en otras circunstancias y en tiempo del engaño pudo causar el luto y la pesadumbre de los colombianos, será hoy, sin duda, el más poderoso motivo de sus regocijos, porque de ella dimana la paz y el avenimiento de todos. ¡Qué desengaño tan funesto para sus partidarios, y qué lección tan impresiva a los ojos de todo el mundo, al ver y conocer la protección que por medio de este suceso nos ha prestado el Supremo Hacedor! Me congratulo con V. E. por tan plausible noticia..."

Pero sobre el acento de estupidez y de odio de esta desdichada voz de los contemporáneos, la posteridad ha levantado su voz potente, que ya nunca será rectificada, y que gritará siempre junto al nombre de Bolívar la palabra que él amó tanto: ¡Gloria! ¡Gloria!

Madrid, 25 junio 1930.

FIN

OBRAS PUBLICADAS DE ESTA COLECCION

1. El general Serrano, Duque de la Torre (2.ª edición), por el *Marqués de Villa-Urrutia.*
2. Sor Patrocinio, la Monja de las Llagas (2.ª edición), por *Benjamín Jarnés.*
3. Luis Candelas, el Bandido de Madrid (2.ª edición), por *Antonio Espina.*
4. Carlos VII, Duque de Madrid (2.ª edición), por el *Conde de Rodezno.*
5. Riesgo y ventura del Duque de Osuna, por *Antonio Marichalar.*
6. Martínez de la Rosa, político y poeta, por *Luis de Sosa.*
7. Sagasta, o El Político, por el *Conde de Romanones.*
8. Joaquín Costa, el Gran Fracasado, por *M. Ciges Aparicio.*
9. Méndez-Núñez, o el Honor, por *Manuel de Mendívil.*
10. Eugenia de Guzmán, Emperatriz de los franceses (2.ª edición), por el *Marqués de Villa-Urrutia.*
11. Bolívar, el Libertador (2.ª edición), por *José María Salaverría.*
12. Zumalacárregui, el Caudillo Romántico (2.ª edición), por *Benjamín Jarnés.*
13. Aviraneta, o La vida de un conspirador, por *Pío Baroja.*
14. Salamanca, conquistador de riqueza, gran señor, por el *Conde de Romanones.*
15. Cánovas, el Hombre de Estado, por el *Marqués de Lema.*
16. Fernán Caballero, la novelista novelable, por *Angélica Palma.*
17. Pablo Iglesias Posse, educador de muchedumbres, por *Juan José Morato.*
18. Céspedes, el Padre de la Patria cubana, por *Herminio Portell Vilá.*
19. Fortuny, la mitad de una vida, por *Alfonso Maseras y C. Fages de Climent.*
20. Isabel II, Reina de España (2.ª edición), por *Pedro de Répide.*
21. Iparraguirre, el último bardo, por *José María Salaverría.*
22. María Manuela Kirkpatrick, Condesa del Montijo, la gran dama, por *F. de Llanos y Torriglia.*
23. Mina el Mozo, héroe de Navarra, por *Martín Luis Guzmán.*
24. Don Jaime, el Príncipe caballero, por *Francisco Melgar.*
25. López de Ayala, o el figurón político-literario, por *Luis de Oteyza.*
26. Espartero, el General del pueblo, por el *Conde de Romanones.*
27. José de San Martín, libertador de la Argentina y de Chile, protector del Perú, por *Eduardo García del Real.*
28. Sarmiento, constructor de la nueva Argentina, por *Aníbal Ponce.*
29. Prim, el caudillo estadista, por *Emeterio S. Santovenia.*